Zur Autorin:

Ballast abwerfen. Zu neuen Ufern aufbrechen. Zeit haben. Reisen.

Die Autorin und ihr Ehemann wagten es und tauschten ihren festen Wohnsitz gegen ein Nomadenleben. Sechs Jahre lang waren sie mit ihrem Reisemobil in Europa und Nordafrika unterwegs. Die Straße war ihr Zuhause. Heute leben sie in Idstein im Taunus, sind aber immer noch die meiste Zeit unterwegs.

Man merkt es den stimmungsvollen Berichten an, dass Patricia Bastian-Geib das Reisen liebt und sich Neugier und Offenheit bewahrt hat. Schon immer wollte sie wissen, wie es "woanders" ist. Ihre Reiseeindrücke verarbeitet die Autorin in Erzählungen und in Multivisionsschauen, die sie gemeinsam mit ihrem Ehemann gestaltet und präsentiert.

Mehr über ihren Ausstieg auf Zeit und ihre Reisen erfahren Sie unter **www.zweiaufachse.de**

Dort gibt es auch weitere Leseproben.

Patricia Bastian-Geib

Kaltes Land unter heißer Sonne

Teil 1

Reiseerzählungen Marokko

Nachdruck oder Vervielfältigung nur mit Genehmigung des Autors gestattet. Die Verwendung oder Verbreitung durch nicht autorisierte Dritte in allen anderen Medien ist untersagt. Die jeweiligen Textrechte verbleiben beim publizierenden Autoren.

Impressum

Patricia Bastian-Geib

Kaltes Land unter heißer Sonne, Teil 1

pit.pat@t-online.de

Herstellung und Verlag:
BoD – Books on Demand, Norderstedt

ISBN 9783734746321

Trommelklänge in der Nacht

Meine Mutter reiste nicht. Mein Vater nur selten.

Nie streiften sie durch die verwinkelten Gassen in Marrakesch. Oder wunderten sich über Eisschollen aus Salz inmitten der Wüste. Schaut, der Große Wagen steht Kopf!

Ob sie je davon träumten in Farben und Düften zu schwelgen? Den Sog der Stille zu erfahren oder die laute Hektik in Casablanca? Sie schliefen nie in fensterlosen Katen im Windschatten der Berge. Oder lehnten an einer morbiden Mauer aus Lehm. Hätten auch sie gezweifelt beim Wandeln zwischen Ruinen und Palästen?

Mandelblütenzauber? Trommelklänge in der Nacht? Die Welt in den sanftmütigen Augen eines Dromedars? Das alles haben sie nie vermisst.

Meine Mutter reiste nicht. Mein Vater nur selten. Woher nur kommt dieses Fernweh in mir?

Alles ist möglich

Schon im Hafen von Genua begegnet uns orientalisches Flair. Männer im Kaftan stehen schwatzend in Grüppchen zusammen, und in bunte Tücher gehüllte Frauen schlendern umher oder haben sich um einen mit Couscous gefüllten Topf auf dem Asphalt niedergelassen. Fasziniert beobachte ich, wie sie mit den Fingerspitzen aus dem Getreide mundgerechte Kugeln formen und diese dann mit einer schnellen Bewegung in den Mund befördern. Schon Stunden vor der Abfahrt der Fähre nach Tanger ist der Parkplatz auf der Mole überfüllt mit Kleintransportern und PKW. Auf den Dächern der Fahrzeuge türmt sich alles, was in Marokko einen Marktwert hat. Stühle, Matratzen, Kleinmöbel, Leitern, Werkzeuge und immer wieder Fahrräder sind zu abenteuerlichen Gebilden hoch aufgestapelt.

Gedankenverloren sitze ich auf einer Mauer und schaue zufrieden seufzend über die bunte und lebendige Szenerie. „Du siehst so glücklich aus", meint Peter und legt seinen Arm um meine Schultern. „Ja, bin ich auch!" Übermütig breite ich meine Arme aus. „Weil wir wieder unterwegs sind!" „Du Zigeunerin!", lacht Peter. Es stimmt, ich bin gern auf Achse. Immer will ich wissen, wie es woanders ist. Und nun wagen wir endlich den Sprung nach Nordafrika. Lange haben wir uns gegen Marokko gesträubt. Man hört so viel Negatives über das Land: Lästige Händler, schlechte Wasserqualität, heruntergekommene Campingplätze, Armut und bettelnde Kinder neben luxuriöser Pracht. Marokko, ein Land der Extreme, provoziert auch extreme Urteile. Entweder begeisterte Faszination oder ein „Nie wieder!" „Wenn es allzu schlimm wird, sind wir ja in einer knappen Stunde in Spanien", tröste ich mich. Aber zu einer unserer Reiseprinzipien gehört, nicht zu schnell zu resignieren. Manchmal versperren nämlich Enttäuschung und Stress der ersten Tage den Blick. Dann muss man sich etwas mehr Zeit gönnen, länger hinschauen, um sich an das Fremde in der Fremde zu gewöhnen.

Die Hafenatmosphäre versetzt mich regelmäßig in eine Art kribbelige Vorfreude. Dröhnende Schiffsmotoren und donnernde LKW. Verkehrslärm aus der angrenzenden Stadt. Sirenen, Musik und laute Stimmen. Nicht schön, und doch hat das Warten in dieser lauten, hektischen Betriebsamkeit eine aufregende Seite. Gefühle tausender Menschen auf den Punkt gebracht, auf diese Mole am Hafen konzentriert. Stress, Termindruck, Aufbruch, Abschied, Freude,

Hoffnung. Sie laden die Atmosphäre auf, bringen die Luft zum Vibrieren. Alles ist möglich.

Im Kontrast dazu die zwei Tage dauernde Überfahrt. Das monotone Brummen der Schiffsdiesel und der Ausblick auf die Weite des Meeres lassen uns innerlich zur Ruhe kommen. Wir haben für einen geringen Aufpreis eine „Dogcabin" gebucht, dürfen Kara also mit in die Kabine nehmen. Das erspart der manchmal etwas ängstlichen Hündin den Stress einer engen Box auf dem Oberdeck. Nachdem sie die neue Umgebung ausgiebig beschnüffelt hat, liegt sie völlig entspannt vor den Betten. „Ich glaube, wir können sie jetzt allein lassen und uns um die Einreiseformalitäten kümmern", schlägt Peter vor. Wenige Minuten später blicken wir entsetzt auf die Menschenmenge vor der Borddisco, die vorübergehend zum Einreisebüro umfunktioniert wurde. „Das kann ja Stunden dauern, bis wir endlich dran sind!" Wir wollen schon resigniert umkehren, als ein junger Marokkaner freundlich auf uns zukommt: „Madame, allez, privilège!" Verständnislos schauen wir ihn an. „Privilège! Privilège!" Peter schiebt mich in Richtung Tür auf das Knäuel von Leuten zu. „Geh´ nur, Frauen werden offensichtlich bevorzugt behandelt." „Da soll ich allein hineingehen? Nur Männer! Und schau doch mal, wie grimmig die alle aussehen!" In diesem Moment teilt sich die wartende Menschenschlange und gibt eine Gasse für mich frei. Unvermittelt stehe ich in dem großen Raum. Ein Mann eilt herbei, weist mir einen Stuhl zu und gibt mir mit Gesten zu verstehen, ich sei die Nächste. An einer langen Tischreihe sitzen die Angestellten der Behörde hinter ihren Laptops und lassen ihre Machtmuskeln spielen. Schroff und überheblich behandeln sie ihre Landsleute und ein paar Minuten später auch mich. Ohne ein Wort mit mir zu wechseln oder mich auch nur eines Blickes zu würdigen, zieht der Beamte die Reisedokumente aus meiner Hand, gibt die Daten in den Computer ein, stempelt die Pässe ab und lässt mich mit einem unmerklichen, herablassenden Kopfnicken wissen, ich sei fertig. Sobald ich mich dem Ausgang nähere, bildet sich wieder eine Schneise, durch die ich das Büro verlasse, um gleich darauf einem völlig verdutzten Peter gegenüber zu stehen. „Sag´ nur, Du bist schon fertig?", fragt er erstaunt. Interessanterweise gibt es drei Jahre später diese privilegierte Behandlung von Damen nicht mehr. Ganz emanzipiert stehen nun Männer und Frauen geduldig hintereinander in einer langen Warteschlange.

Großzügig und modern begrüßt uns der neue Hafen östlich von Tanger. Ich befürchte, dass sich die Formalitäten auch aufgrund unserer mangelnden Französischkenntnisse endlos in die Länge ziehen werden. Reiseführer und Erzählungen von Freunden haben uns auf stundenlanges Warten und eventuelle Schikanen vorbereitet. „Es ist schon später Nachmittag und es wird früh dunkel", seufze ich, während wir uns in die lange Fahrzeugkolonne einreihen. Nach einer Weile werden wir auf eine der rechten Fahrspuren dirigiert. Sogleich spricht uns ein Bursche an, er könne uns gegen ein kleines Entgelt bei der Abfertigung behilflich sein. Darauf sind wir vorbereitet und lehnen dankend ab. Marokkokenner haben uns versichert, dass die Formalitäten nicht kompliziert und auch für Neulinge gut zu bewältigen sind. Jetzt kommt ein freundlicher Herr in Uniform auf uns zu und deutet auf eines der mit „Police" gekennzeichneten Häuschen. Dort müssten wir unsere Pässe vorlegen, meint er. Dann reicht er uns ein grünes Formular, das wir anschließend zur Deklaration unseres Fahrzeuges beim Zoll abgeben sollen. „Da", sagt er und deutet auf ein Büro mit dem Schild „Douane". Dort überprüft eine Viertelstunde später der nicht ganz so freundliche Zollbeamte etwas mürrisch unsere Papiere und fragt: „Moto?" „Oui", antwortet Peter, „komm mit!" Er geht um das Reisemobil herum, öffnet die Heckklappe und deutet auf unseren Roller. „Ah, Piaggio!" ruft der Beamte aus, hebt den Daumen und strahlt jetzt über das ganze Gesicht. Dabei nickt er immer wieder mit dem Kopf und meint: „Gut! Gut!" Schließlich wirft er noch einen kurzen Blick ins Fahrzeuginnere, um uns dann mit einem „Bon Voyage" durchzuwinken. Die ganze Prozedur der Einreise hat kaum mehr als eine halbe Stunde gedauert und so geht es nun auf der gut ausgebauten Autobahn Richtung Asilah.

Sehr süß, mit leichtem Bitteraroma

Obwohl es bereits dunkel ist, finden wir den Parkplatz in Asilah sofort. Freundlich-überschwänglich, als hätte er den ganzen Abend nur auf uns gewartet, heißt uns der Wächter willkommen. Seine Lachfältchen um die Augen und das rundliche Kindergesicht flößen sogleich Vertrauen ein. Mit einer Decke über den Schultern sitzt er auf einem Hocker und raucht eine Zigarette nach der anderen. Vor ihm köchelt sein Abendessen, eine Tajine. Später wird er sich in einen Bretterverschlag auf eine Matratze zurückziehen. Kühl und feucht ist die Nacht, erhellt von einem gelb leuchtenden Vollmond. Spät am Abend hören wir Stimmen und Lachen vor unserem Reisemobil. Wir löschen das Licht und schauen vorsichtig aus dem Fenster. Auf einem Felsbrocken sitzen drei junge Burschen und trinken Bier. Zwei Frauen, jede eine Bierdose in der Hand, gehen langsam auf sie zu. Eine hat dunkle Haare und trägt Jeans, die andere ist blond, ein hübsches, buntes Kleid mit gewagtem Dekolleté umspielt ihren schlanken Körper. „Bier in der Öffentlichkeit und so freizügig gekleidet? Das kann doch keine Marokkanerin sein", murmele ich. Nun zieht die Blonde ihr Kleid bis zur Hüfte hoch und setzt sich neben die Männer auf den Felsen. Mir wird klar: Das kann nur eine Prostituierte sein. Nach einem kurzen Gespräch schlendern die Fünf davon und sind wenig später in einer der Gassen verschwunden. Ungewohnte Klänge wecken uns am nächsten Morgen. Es ist noch dunkel und wir brauchen eine kleine Weile, um die Geräusche einzuordnen: Durch Lautsprecher verzerrt, ruft der Muezzin zum ersten Gebet. Verschlafen schauen wir aus dem Fenster und wundern uns, dass schon so viele Menschen und Fahrzeuge unterwegs sind. „Schau mal, die Mopeds mit den vorgebauten Karren. Solche Gefährte habe ich ja noch nie gesehen!" Beladen mit Gemüse, Abfallsäcken oder auch Käfigen voll Hühnern rattern sie am Parkplatz vorbei. Zufrieden lege ich mich zurück und räkle mich wohlig unter der Decke, dabei das Glückgefühl auskostend, das mich regelmäßig durchströmt, wenn neue Eindrücke meine Neugier und Begeisterung wecken.

Später winkt uns der Wächter vom Vorabend zum Abschied fröhlich zu, bevor sein Kollege die nächste Schicht übernimmt. Dieser schlurft mürrisch und grußlos an uns vorbei. Seine Hände sind ständig in Bewegung. Mal kratzt er sich am Bein, dann wischt er sich über den Mund, um anschließend mit einer fahrigen Bewegung seine langen, fettigen Haare hinters Ohr zu streichen. Eine Wolke aus Schweiß und Alkohol umgibt ihn. Kara knurrt.

Mit Hund und Kameras stehen wir bereit zur Stadtbesichtigung. Ob das gutgeht? Wahrscheinlich werden wir mehr damit beschäftigt sein, Kara vom Tauben- und Katzenjagen abzuhalten als zu fotografieren. Und in der Tat: Wenn der Fokus zwangsläufig auf dem Hund und nicht auf dem besten Motiv liegt, macht Fotografieren keinen Spaß. „Das nächste Mal lassen wir sie im Fahrzeug", meint Peter und ich stimme ihm vorbehaltlos zu. Zum Trost nehmen wir in der gut erhaltenen Medina Asilahs ein zweites Frühstück ein. Lange Zeit stand die Stadt unter spanischer Herrschaft, und so erinnern die weißen Mauern ein wenig an Andalusien. Viele Hauswände sind farbenfroh bemalt. Im Rahmen des jährlichen Kulturfestivals bringen die Künstler immer wieder neue Malereien an. So steht es zumindest im Reiseführer. Skeptisch deute ich auf die abblätternde Farbe der Kunstwerke: „Die sind doch nie und nimmer erst vor vier Monaten entstanden." Drei Jahre später werde ich die neuen Gemälde an den weißen Mauern bestaunen und beschämt feststellen: „Die werden ja tatsächlich immer wieder neu bemalt." Zufrieden sitzen wir vor dem kleinen Café, genießen die Sonne und beobachten amüsiert, wie am Nachbartisch eine Großmutter ihren kleinen Enkel innig liebkost. Mit lauten, schmatzenden Geräuschen küsst sie den kleinen Kerl auf Wange und Kopf, auf Nase und Ohr und wieder auf die Wange. Ein possierliches

Kätzchen hüpft über den Platz und versucht eine im Wind tanzende Plastiktüte zu fangen. „Nun trinken wir unseren ersten marokkanischen Pfefferminztee", schlage ich vor. „Weißt Du, dass das Getränk hier scherzhaft Whiskey Marocain genannt wird?" Grüner Tee wird aufgegossen, der erste Sud wird weggeschüttet und dann ein zweites Mal zusammen mit frischen Pfefferminzblättern und Zucker überbrüht. Kurze Zeit später stehen zwei bunte Gläser vor uns, zunächst zu heiß zum Anfassen. Dann der erste Schluck: Sehr süß, mit intensivem Minzgeschmack und einem leichten Bitteraroma. Mit kleinen Schlucken trinke ich das Glas zügig leer und stelle es mit einem Seufzer auf den Tisch. „Mensch, ist das lecker!" Künftig wird mir wohl kein Tee aus getrockneten Blättern mehr schmecken.

„Fragen Sie nach Herrn Farragh!"

Unsere Klimaanlage im Fahrerhaus streikt und wir leiden unter den unerwartet hohen Temperaturen. Kurz vor Mohammedia tritt Peter plötzlich auf die Bremse. „Da ist eine MAN Werkstatt." Er zeigt auf eine imposante Glasfront auf der anderen Straßenseite. Wir fahren die breite Einfahrt hinein: „Na, das sieht doch ganz ordentlich aus. Wir fragen mal, ob sie uns helfen können." Vom Torwächter werden wir zur Rezeption geschickt. Dort ist der Tresen mit hochpoliertem, schwarzem Granit gefliest. Eine dicke Staubschicht bedeckt den edlen Stein, in die ein wartender Kunde gedankenverloren mit dem Finger Zeichen malt. Schnell wird der Werkstattleiter gerufen, der sehr gut Englisch spricht und das Problem fachkundig analysiert. Schließlich schickt er uns zu einer befreundeten Werkstatt, die auf Klimaanlagen spezialisiert ist: „An der nächsten Ampel links, dann rechts. Fragen Sie nach Herrn Farragh. Ich rufe dort an und avisiere Sie. Aber jetzt ist eine Stunde Mittagspause." Obwohl wir der Wegbeschreibung exakt folgen, finden wir die Werkstatt nicht. „Da hilft nur, das gesamte Gewerbegebiet systematisch, Straße für Straße, abzufahren", meint Peter. Eben noch auf der repräsentativen, sauberen Geschäftsstraße, kreuzen wir jetzt durch Schmutz und Müll. Zentimeterdicker, eingetrockneter Schlamm in den Straßenrinnen, auf den Gehwegen Flaschen, Plastiktüten und anderer Unrat. Straßenzeilen, Häuserreihen, alle 5 Meter ein Tor und dahinter jeweils eine kleine Werkstatt. In der Einen wird geschweißt, in der Anderen werden Fenster hergestellt und in der Nächsten Tische geschreinert. Für jedes Produkt oder Problem gibt es eine Spezialwerkstatt. Es ist 12.00 Uhr mittags. Aus den Gebäuden und Hallen strömen Arbeiter und Arbeiterinnen und lassen sich inmitten des Mülls auf dem Gehweg nieder, um ihr Mittagessen zu verzehren. Vor einigen Toren sind Grills und große Töpfe aufgebaut, an denen die Leute Schlange stehen. Immer wenn wir an einer größeren Gruppe vorbeifahren, fängt diese zu johlen an. „Hast du eine Idee, warum die das machen?", frage ich Peter. Er zuckt mit den Schultern. Da das Gegröle eher freundlich klingt, machen wir uns keine unnötigen Gedanken. Gerade als wir die Suche aufgeben wollen, entdecken wir doch noch ein klitzekleines MAN-Schild an einem verschlossenen Tor, vor dem wir dann zwei weitere Stunden warten. Endlich wird es geöffnet und ein Mann kommt mit finsterer Miene auf uns zu. Tiefe Furchen um die Mundwinkel, schwarze, stechende Augen und buschige Augenbrauen lassen ihn grimmig erscheinen. Dies ändert sich abrupt, als er Peter die Hand reicht, sich als Herr Farragh vorstellt und lächelt. Es ist, als hätte er sich eine Maske vom Gesicht gerissen, freundlich und sanft wirkt er nun. In der Werkstatt wuseln Leute hin und her, von Lärm umgeben. Wie eine Bühneninszenierung kommt mir das Ganze vor. Schwere Ketten hängen von der Decke herab, an einigen pendeln Werkzeuge oder Metallteile. Regelmäßig kreuzt ein Gabelstapler das Sichtfeld. Hoch oben auf einer Stahlkonstruktion schweißt ein Arbeiter Teile zusammen. Funken sprühen hinab zu seinem Kollegen, der, eine Zigarette in den Mundwinkel geklemmt, versucht, ein Tau zu entwirren. In der Mitte der Garage stehen drei junge Burschen zusammen, leise ins Gespräch vertieft. Ein spindeldürrer Alter trennt eine Metallstange mit einem Winkelschleifer, während ein anderer auf einer LKW-Felge herum hämmert. Würde jetzt ein Männerchor einsetzen, würde ich mich nicht wundern. „Was wird denn hier produziert", frage ich Peter, als er von einem Rundgang durch die Hallen zurück kommt. „Ja, das ist interessant. Hier werden Busse für den marokkanischen Markt hergestellt. Drüben im Hof stehen jede Menge nagelneue MAN-Busfahrgestelle." Vier Stunden wird an unserem Reisemobil herumgebastelt, bis der Schaden endlich behoben ist. Zum Abschied winkt uns Herr Farragh herzlich zu und weist uns mit dem Finger die Richtung zur Autobahn. Spät geworden, wollen wir einen Campingplatz etwas weiter südlich ansteuern.

Hocherfreut über die wieder funktionierende Klimaanlage, unterhalten wir uns angeregt über die Professionalität der Werkstatt und verpassen prompt den Abzweig zur Autobahn. Unvermittelt finden wir uns im Feierabendgetöse von Casablanca wieder. Nur stockend kommen wir voran. Vor jeder Ampel erwartet uns ein Stau, in dem noble Karossen neben LKW und Eselskarren zu einem Knäuel verwoben sind. Unruhig schaue ich zum Horizont und stelle besorgt fest: „Es wird schon dunkel!" Die Dunkelheit kommt schnell und nimmt uns jede Orientierung. Straßen biegen ab, die laut Karte eigentlich geradeaus führen müssten. Hinweisschilder sind nicht mehr zu erkennen. Unbeleuchtete Fahrräder kommen uns auf unserer Spur entgegen, Mopeds schlängeln sich rechts an uns vorbei, Fußgänger wuseln auf der Fahrbahn zwischen den Fahrzeugen herum. Schließlich orientieren wir uns mit dem Kompass und landen in einem Vorort, der nicht gerade unser Vertrauen weckt. Es gibt keine Straßenbeleuchtung, nur aus den kioskähnlichen Läden fällt etwas Licht. In der Dorfmitte wurde offensichtlich ein Mopedfahrer von einem LKW angefahren und liegt auf dem Asphalt. Eine sichtlich erregte Menschenmenge umringt den sich vor Schmerzen krümmenden Verletzten. Einige Männer halten Fackeln in den Händen. Uns wird es mulmig zumute. Langsam fahren wir an der Unfallstelle vorbei und erreichen wenig später eine schmale Landstraße. Fußgänger und Eselskarren kreuzen die Fahrbahn, manchmal sehen wir sie gerade noch im letzten Moment. „Da vorne ist ein Café, wollen wir uns dort auf den Parkplatz stellen?" Erleichtert stimme ich zu, obwohl das kleine Restaurant von zwielichtigen Gestalten umlagert ist. Zumindest suggeriert uns das die Dunkelheit und unsere Anspannung. Schlafen können wir kaum. Bei jedem Geräusch schrecken wir hoch, horchen in die Nacht. Auch Kara ist nervös und gibt öfter Laut, was meine Horrorphantasien zusätzlich nährt. Mit der Dämmerung brechen wir schließlich auf. Das Tageslicht treibt die Gespenster in die Flucht: Klar, hell und zum Grinsen harmlos liegen Felder, das schmuddelige Café und die schmale Landstraße vor uns. Wir folgen ihr und haben nach nur wenigen Kilometern die Hauptroute nach Süden erreicht.

Jeans-Währung

Eigentlich wollten wir ein paar Tage in El Jadida bleiben, doch wir streifen die Stadt nur kurz und fahren am gleichen Tag weiter. Wir sind enttäuscht über das überwiegend moderne Stadtbild. Auch die portugiesische Festungsanlage aus dem 16. Jahrhundert, die zum UNESCO Weltkulturerbe gehört, hatten wir uns beeindruckender vorgestellt. Aber vielleicht ist uns der Blick für architektonische Einmaligkeit versperrt, wenn wir überall nur über Müll stolpern. Da bleiben wir wohl unverbesserlich deutsch und können nicht aus unserer Haut heraus. Auch in der unterirdischen Zisterne kommt keine Stimmung auf, weil grelle Scheinwerfer die vielgerühmte malerische Wasserspiegelung des gotischen Gewölbes stören. So kehren wir ohne die erhofften Fotoaufnahmen der Stadt den Rücken.

Auf schmaler Straße geht es weiter Richtung Süden. Immer entlang der Küste, durch landwirtschaftlich intensiv genutzte Gebiete hindurch. Kilometerlang gleiten erst Karottenfelder, dann Blumenkohläcker und schließlich Tomatenstauden an uns vorbei. Es ist Erntezeit und die Karotten kommen direkt vom Feld in spezielle „Waschmaschinen". Dabei werden die kleinen, zarten Möhren, die bei uns den besten Marktpreis erzielen würden, aussortiert und für das Vieh am Straßenrand aufgehäuft. Alle paar Kilometer stehen Esel bereit, mit denen ein Teil der Ernte abtransportiert wird. In einem kleinen Dorf halten wir an, um einzukaufen. Neben ein paar riesigen Kartoffeln kaufen wir winzig kleine Bananen und zwei „Monsterkarotten". Dafür verlangt der junge Mann 60 Dirham, umgerechnet € 6. Kopfschüttelnd schauen wir uns an. Laut Reiseführer ist Handeln in Marokko zwar üblich, nicht aber bei Lebensmitteln. „Der Teenager hinter dem Ladentisch hat uns wohl sofort als Greenhorns identifiziert und die Chance auf ein gutes Geschäft gewittert", spekuliere ich verärgert. Ein etwas älterer Herr eilt herbei und drängt den jungen Mann unsanft zur Seite. Dann schreibt er 30 DH auf den Zettel.

Gerade als die Sonne im Meer versinkt, erreichen wir Oualidia, einen netten Bade- und Fischerort. „Puh, das war heute doch ein wenig stressig", stöhnt Peter, „so lange Strecken mag ich gar nicht mehr." Eigentlich wollten wir auch nicht so weit fahren, aber, wie so oft beim Reisen, kommt es anders als geplant. Da gefällt das angesteuerte Ziel nicht oder man findet keinen geeigneten Stellplatz. Da verpasst man eine Abfahrt oder braucht für eine Route länger als gedacht. Zu den wichtigsten Lektionen, die wir im Laufe des Unterwegsseins gelernt haben, gehört die Erkenntnis: Reisen ist manchmal auch Mühsal und die Wirklichkeit oft nicht das, was die Hochglanzfotos im Reiseführer versprechen. Das muss man akzeptieren und das Beste draus machen. So gönnen wir uns heute nach der langen Fahrt ein Essen in einem der netten Restaurants. Wir haben ein hübsches, maritim dekoriertes Lokal gewählt und sind die einzigen Gäste. Schüchtern führt uns der junge Kellner auf die Terrasse und macht auf das fantastische Panorama aufmerksam. Leider ist es zu kühl, um draußen zu sitzen. Trotzdem verweilen wir einen Augenblick, um das Farbspektakel der untergehenden Sonne still zu bewundern. Der Himmel changiert von Orange über Rot zu Pastellrosa. Aus den Augenwinkeln beobachtet uns der junge Mann und ein zufriedenes Lächeln huscht über sein Gesicht. Die Bucht ist bekannt für ihre Austernzucht und so wählen wir als Vorspeise die gratinierte Version. Eine gute Wahl. Für den rohen „Schlabberkram" kann ich mich nicht so recht begeistern, aber mit einer feinen Béchamelsauce überbacken sind die Meeresfrüchte sehr delikat. Zugegeben, uns fehlt das Glas Wein zum Essen. Nur wenige Lokale in Marokko verfügen über eine Ausschanklizenz für alkoholische Getränke. Oft ist es jedoch möglich, eigenen Wein mitzubringen. Bedauerlicherweise erfahren wir dies erst später.

Die Lagune ist zauberhaft und auch der endlose Strand lässt uns ins Schwärmen geraten. Bei strahlendem Sonnenschein machen wir am nächsten Tag einen ausgedehnten Spaziergang. Ausgelassen buddelt Kara im Sand oder jagt hinter den Möwen her. Direkt am Strand, vor einer Düne, hat sich ein runzeliges Männlein niedergelassen. Um ihn herum liegen allerlei Plastiktüten und Körbe. Auf einem Holzfeuer köchelt eine Tajine aus Aluminium. Gerade schält der Mann sehr bedächtig Kartoffeln und Möhren, spült sie dann kurz mit Wasser aus einer Flasche ab, um sie schließlich in die nun kräftig brutzelnde Tajine zu schnippeln. Verführerischer Duft weht zu uns herüber. Der Greis wirkt, als sei er mit sich und der Welt sehr zufrieden. Freundlich lächelt er uns zu, dabei umrahmen unzählige Fältchen seine Augen wie Sonnenstrahlen.

Zum Wohnmobil zurückgekehrt, werden uns bald die vielen Händler lästig, die hartnäckig Doraden, Austern und Seeigel anpreisen. Sehr zurückhaltend und höflich nähert sich dagegen ein kleiner, zierlicher Mann mit einem reizenden Lächeln: „Tajine? Très bien." Heute Abend würde er uns das Gericht fertig zubereitet ans Fahrzeug bringen, erklärt er uns mit einer Mixtur aus französischen, deutschen und englischen Vokabeln. Das Gericht sei wirklich sehr lecker. Als wir ihn mit einem „demain" auf morgen vertrösten, verabschiedet er sich leise. Bei einer unserer nächsten Reisen durch Marokko staunen wir über die bemerkenswerte Entwicklung seiner Sprachkenntnisse. Diesmal bietet er den Lieferservice nämlich in flüssigem Deutsch an. „Wo haben Sie zwischenzeitlich so gut Deutsch gelernt?" will Peter wissen. „Ich habe zwei Jahre in der Schule gelernt und war dann neun Monate in Deutschland", antwortet er, steigt auf sein Moped, winkt uns noch einmal kurz zu und knattert davon. Wir schauen ihm erstaunt hinterher. „Na, das ist ja ein ganz untypischer Marokkaner", lache ich, „normalerweise erzählen sie doch gern, wo sie in Deutschland gelebt haben und beteuern: Frankfurt gutt!"

Schon am frühen Morgen des nächsten Tages beginnt erneut die Belagerung durch Händler und Parkplatzwächter. Die einen wollen verkaufen, die anderen schnorren nach Zigaretten und Alkohol. Sie werden uns so lästig, dass wir trotz des warmen Wetters die Fahrzeugtür schließen. Ganz anders die französischen Wohnmobilisten, die die Situation für sich zu nutzen wissen. In ihren großen Anhängern lagert Tauschware, wie in einem Laden akkurat auf Regalen geordnet. Da stapeln sich Jeans, Trainingsanzüge, Hemden und Pullover. Interessiert schauen wir dem Treiben zu und erfahren viel über den Marktwert von Hosen und Gemüse. Eine Jeans ergibt sechs Tomaten, vier Zitronen und drei Zwiebeln. Für ein T-Shirt erhält man eine große Muschel und zwei Tomaten. Natürlich einigt man sich auf diesen Tausch nicht sofort, sondern wehrt ab, legt drauf, zögert, bittet, schüttelt den Kopf, um dann endlich mit einem entschiedenen Gesichtsausdruck zu signalisieren: Hier ist meine Schmerzgrenze.

Auch das britische Pärchen, das am Vorabend angekommen war, nutzt diese Gepflogenheiten später bei der Begleichung der Parkgebühr. Verschlafen kriechen die beiden jungen Leute jetzt aus ihrem kleinen, mit Blumengirlanden geschmückten Minicamper. Der hagere, junge Mann streckt sich ausgiebig und trottet davon, um am Schilfrand zu pinkeln. Geschickt klettert das Mädchen, bekleidet mit einem langen, bunten Rock, auf die Parkplatzmauer und beginnt sich in Bauchtanzrhythmen zu wiegen. Entweder ist es ein Naturtalent oder ein Profi, denn seine Bewegungen wirken gekonnt und sehen sehr ästhetisch aus. Mit einer Mischung aus Lüsternheit und Belustigung schauen die marokkanischen Männer kurz zu ihm hin, widmen sich dann aber gleich wieder dem Handel mit den anderen Touristen. Als das Pärchen am Nachmittag abreist, deponiert es eine Plastiktüte mit Kleidung auf der Mauer. Es dauert nur Sekunden bis einer der Parkplatzwächter herbeeilt und den Beutel mit einem gierigen Griff an sich nimmt.

An einem der nächsten Tage bietet uns ein Händler Garnelen an. Er hätte selbst nach ihnen getaucht, versichert er uns. Es ist lebende Ware, die Tiere zappeln und krabbeln in der Kiste und haben noch ihre natürliche graue Farbe. Erst durch das Kochen bekommen sie den uns bekannten Rotton. Etwas Überwindung kostet es mich schon, die Garnelen ins kochende Wasser zu geben. Eine will sich mit einem kühnen Sprung über den Topfrand retten und landet im Hundenapf am Boden. Wie einfach es doch ist, sich im Restaurant gebratene Knoblauch-Scampi schmecken zu lassen oder sie zu Hause auf dem Grill zuzubereiten. Sauber in Plastik verpackt und tiefgefroren haben wir sie im Supermarkt erworben. Dass es einmal Lebewesen waren, dringt nicht mehr in unser Bewusstsein. Ist es der Fluch von zwanzig bei lebendigem Leibe verbrühten Garnelen? Oder doch nur ein ganz gewöhnlicher Darminfekt? Wie dem auch sei, am nächsten Tag leiden wir beide unter Durchfall und bei mir kommen noch Magenkrämpfe hinzu. Brot, Zwieback, Wasser und Tee sind für die nächsten Tage unsere kulinarischen Höhepunkte.

Weiter geht es auf sehr schöner Strecke bis Safi. Vorbei an akkurat durch Steinmauern begrenzten Feldern. Hinter einer weitläufigen Dünenlandschaft blitzen Traumstrände hervor. Leider sind keine Fahrwege zum Meer auszumachen. Kurz vor Safi geht die Küste in steile Felsformationen über, bis schließlich Fabrikschlote die nahe Stadt avisieren. Safi ist eine industrielle Großstadt mit dem zweitgrößten Hafen Marokkos. Eigentlich kein lohnendes touristisches Ziel, wenn es das berühmte Töpferviertel mit seinen kuppelförmigen Brennöfen nicht gäbe. Langsam fahren wir die Straße am Rande der Medina entlang. „Dort am Straßenrand ist noch ein Plätzchen frei!" Peter wendet am nächsten Kreisel und steuert die Parklücke an. Noch schnell Dachluken öffnen, Jalousien schließen, Napf mit Wasser füllen, Leckerli verstecken – und schon kann es losgehen. Diesmal wollen wir in Ruhe fotografieren, also muss Kara im Reisemobil bleiben. Kaum sind wir aus der Fahrzeugtür getreten, begrüßt uns ein gepflegter Marokkaner auf Deutsch: „Herzlich willkommen in Marokko. Ihr Fahrzeug ist sehr schön." Dann wechselt er in flüssiges Englisch und bietet eine Führung durch das Keramikzentrum an. Aufgrund seiner guten Sprachkenntnisse nehmen wir das Angebot an, in der Hoffnung, mehr zu sehen und zu erfahren, als das, was der Reiseführer bereithält. In der Tat, Mustafa führt uns zu allen interessanten Produktionsstationen und erklärt den Prozess sehr gut. Nur, zum Fotografieren bleibt wenig Zeit. Kaum hat unser Guide nämlich seinen

Kommentar beendet, geht er auch schon mit kleinen, schnellen Schritten zur nächsten Werkstatt weiter. Wir haben Mühe, ihn nicht zu verlieren. Schließlich führt er uns zu seinem Arbeitsplatz. Düster ist es hier, und nach dem gleißenden Sonnenlicht brauchen wir einen Moment, um uns zurechtzufinden. Jetzt erkennen wir einen dürren, älteren Mann, der etwas erhöht an der Töpferscheibe sitzt und kleine Schalen herstellt. „Come, come!" ruft er mir zu und gibt mir mit einer Handbewegung zu verstehen, ich solle die kurze Leiter hochklettern und mich neben ihn setzen. Peter wittert gute Fotos und ermuntert mich dazu. „Meinetwegen! Was tut man nicht alles für eine kurzweilige Fotoshow!" Mit viel Geduld führt der Töpfer meine ungeschickten Hände, und so stelle ich doch tatsächlich einen Teller mit Wellenrand her. Glatt und seidig gleitet der Ton durch meine Hände. Ein gutes Gefühl. Ein kleines Zittern oder ein leiser Druck, und schon verändert sich die Form. Am Ende der Prozedur klebt überall gelbbrauner Lehm: In den Haaren und im Gesicht, an Armen, Beinen und Schuhen und auf der Kleidung. Wie nicht anders zu erwarten, beschließt Mustafa die Tour im Verkaufsraum. Bunt und mit filigranen Mustern locken Schalen, Schüsseln und Töpfe. Mit wunderschöner Keramik, aber leider enttäuschenden Fotoausbeute kommen wir zum Wohnmobil zurück. Dort verabschieden wir uns von Mustafa, der gar nicht verstehen will, dass wir seinen Lohn nicht in Jeans abgelten wollen.

Als wolle uns ein zorniger Garnelengott eine Lektion erteilen, werden unsere immer noch hochempfindlichen Mägen weiteren Prüfungen unterzogen. Über einer Mauer dicht an der Straße hängen ein Ziegenfell und darüber das gerade gehäutete Tier, von Fliegen übersät. Der Geruch lässt meinen Magen einen doppelten Salto schlagen. Lädiert und entsprechend unkonzentriert wie wir sind, folgen wir in Safi nicht der Küstenstraße, sondern den Straßenschildern Richtung Essaouira. So landen wir auf der mehr im Landesinneren verlaufenden Strecke. Zuerst geht es durch Safis Neustadt. Breite Boulevards, noble Geschäfte und unzählige Cafés. Gleich dahinter befinden sich die Wohnviertel der ärmeren Bevölkerung und die städtische Müllkippe. Der Gestank ist bestialisch und muss hochgradig gesundheitsgefährdend sein. Man kann kaum glauben, dass hier Menschen leben. Und doch geht auch hier alles seinen gewohnten Gang: Cafés, Schulkinder, Straßenhändler, Eselskarren und was sonst noch zu einer ganz normalen Siedlung dazu gehört. Aber es kommt noch schlimmer. Vor dem nächsten größeren Dorf liegen eine Müllhalde und daneben eine Art Teich. Oder ist es ein riesiges Güllebecken? Oder ein Kloakensee? In der mit braunen Schlieren und Algen durchzogenen

Flüssigkeit – Wasser kann man es beim besten Willen nicht mehr nennen - Berge von Müll. Diesem Giftgebräu entsteigt ein derart widerwärtiger Gestank, dass ich mich fast übergebe. So muss der Vorhof zur Hölle riechen. Oder ist es bereits die Hölle? Mich überfällt eine Traurigkeit, ähnlich der, die ich beim Anblick eines fortgeschrittenen Suchtkranken empfinde. Diese Selbstauflösung, Hoffnungslosigkeit und Würdelosigkeit bringen mich aus der Fassung.

Blaue Boote und ein rosa Dromedar

Als die schönste Stadt Marokkos wurde uns Essaouira gepriesen. In der Tat kann sie einige Superlative bieten. Der Wind und eine weitläufige Sandbucht sind zwei davon, denn sie garantieren den Gästen Bade- und Surfspaß. Essaouira gilt als Top-Adresse für Kite- und Windsurfer. Uns verleiden die starken Böen allerdings den Spaziergang am Strand und so bummeln wir lieber entspannt durch die Medina, die zum UNESCO Weltkulturerbe gehört. 1760 erbaut und vollständig erhalten, unterscheidet sie sich durch ihre rechtwinklige Anlage von allen anderen marokkanischen Altstädten. Geplant wurde sie einst von einem Gefangenen des Sultans, einem französischen Ingenieur. Sogar einen Uhrturm gibt es hier, was für orientalische Städte ungewöhnlich ist.

Wir genießen das quirlige Treiben in den Gassen mit ihren weiß-blau bemalten Häusern und den zahlreichen Galerien. Luxuriöse Riads bieten Unterkunft für die überwiegend europäischen Gäste, die heute eher dem wohlhabenden Mittelstand angehören. Einst war die Stadt und ihre nähere Umgebung Geheimtipp für Aussteiger und Freaks. Es kamen Stars wie Jimmy Hendrix oder die Rolling Stones. In einem Café nahe der imposanten, portugiesischen Festung machen wir Rast. Eine Gruppe Musiker zieht vorbei. Sie spielt die weichgespülte Touristenversion der Musik der Gnawas, für die Essaouira bekannt ist. Gnawas sind Nachfahren von Sklaven, die mit eigenwilligen Rhythmen und ekstatischen Tänzen ihren ganz eigenen Stil formten. Ihre spirituellen Wurzeln dürften im Voodoo liegen. Eine besondere Atmosphäre erwartet uns im malerischen Fischereihafen. Hier sind Hunderte einheitlich blau gestrichener Holzboote zu einem wogenden Teppich zusammengebunden. Akrobatisch springen die Fischer von Boot zu Boot, um ihren Kahn zu erreichen und ihn dann geschickt aus dem Knäuel heraus zu manövrieren. Leute stehen in Grüppchen zusammen, sitzen auf Mauern oder auf dem Boden, während sie auf die einlaufenden Fischkutter warten. „Schau Dir die mal an!" Belustigt deute ich mit dem Kinn auf eine stark geschminkte Blondine von etwa dreißig Jahren, die in goldenen Highheels durch die Menschenmenge stakst. Ihr kurzes Höschen lässt die kleinen Pobacken hervor blitzen und das lila Top spannt sich gewagt über ihrem Busen. Provokation? Respektlosigkeit gegenüber dem islamischen Gastland? Oder einfach nur Dummheit? Oder vielleicht Beides?

Weiter geht es entlang der Küste, vorbei an traumhaften, menschenleeren Stränden, zu denen meist nur holprige Pisten hinunter führen. Kilometerlang durch eine hügelige, grüne, einsame Landschaft. Neben einer Art Macchia wachsen hier Arganien. Dazwischen hat der letzte Regen zarten Grasflaum sprießen lassen. Arganien - diese kurzstämmigen Bäume mit ausladender Krone gibt es nur im südlichen Marokko. Berühmt ist die Pflanze wegen des schmackhaften Öls, das aus den Kernen der Früchte gewonnen wird. Für einen Liter Öl benötigt man ca. 30 Kilogramm Nüsse. Die sehr aufwändige Ölextraktion ist reine Frauenarbeit. Oft sind die Arbeiterinnen in Kooperationen organisiert. Der daraus erzielte Gewinn ermöglicht den Mitgliederinnen eine gewisse Unabhängigkeit und leistet einen Beitrag zu deren Familieneinkommen. Das gefällt nicht jedem Mann. Uns wurde erzählt, dass einige Ehemänner ihren Frauen die Mitgliedschaft in einer Kooperative schlichtweg verbieten. Während der Sommermonate werden die Früchte des Baumes eingesammelt und in der Sonne getrocknet. Das trockene Fruchtfleisch wird entfernt und dient als Tierfutter. Zum Knacken der Kerne sitzen die Frauen auf dem Boden zusammen, jeder einen großen, runden Stein und ein Häufchen Nüsse vor sich. Ein kurzer, präziser Schlag mit einem kleineren Stein, der Kern öffnet sich und gibt den samenartigen Inhalt frei, der mit einer flinken, geschickten Drehung der Hand in einen Korb geworfen wird. Schon von weitem hört man das monotone, klickende Geräusch. Später wird der Samen geröstet und anschließend in einer kleinen Steinmühle gemahlen. Aus dem entstandenen Nußbrei wird das Öl ausgepresst. Nichts geht verloren, denn auch der verbleibende Teig wird an die Tiere verfüttert. „Das flüssige Gold Marokkos" wird das teure und sehr aromatische Öl auch genannt. Es findet Verwendung in der Küche oder bei der Herstellung von Medizin und Kosmetika. Sein Nussgeschmack ist so intensiv, dass nur wenige Tropfen genügen, um Salate, Gemüse oder Saucen zu verfeinern. Pur oder mit Honig und gemahlenen Mandeln vermischt, wird es in Marokko gern schon zum Frühstück als Tunke fürs Brot verzehrt. Ziegen lassen sich Nüsse und Blätter der Pflanze schmecken und klettern dafür bis hoch hinauf in die Wipfel der Bäume. Peter versucht gerade, die akrobatischen Kletterkünste fotografisch einzufangen. Auf steinigen Wegen, zwischen Ziegen und Schafen, sind wir zu einer kleinen Wanderung unterwegs. Jetzt lege ich Kara am Wegrand ab, um zu den beiden Frauen zu schlendern, die die Herde hüten. „Salam!" grüße ich sie und lasse mich auf einem Stein neben ihnen nieder. Beide sind in bunte Röcke und Tücher gekleidet und haben kaum noch Zähne. Ihr Alter ist schwer zu schätzen. Braun und windgegerbt sind ihre Gesichter. Aber die Art, wie sie sich bewegen und lächeln, lässt vermuten, dass sie jünger sind, als sie auf den ersten Blick erscheinen. Freundlich reden sie auf mich ein und bringen mir sogar ein Ziegenbaby zum Streicheln. Dem gefällt das überhaupt nicht. Es zappelt und meckert, bis es sich schließlich losgerissen hat und zurück zu seiner Mutter hüpft. Als die Frauen bemerken, dass sie beim Fotografieren der Ziegen mit im Bild sind, ziehen sie hastig einen Zipfel ihres Kopftuchs über Mund und Nase und wenden sich ab. Wir verabschieden uns und gehen weiter. Kara ist das sowieso lieber. Geduldig hat sie auf uns gewartet und trottet jetzt gemütlich hinter uns her. „Aber stopp, da hat doch etwas ganz vorzüglich gerochen!" Abrupt macht sie kehrt und jagt hinter einem possierlichen, beige-braunen Streifenhörnchen her. „Na, das kann jetzt etwas dauern!", konstatieren wir gelassen. Heute sind wir so zufrieden, dass uns nichts aus der Fassung bringen kann. So setzen wir uns auf einen Baumstumpf, um auf Kara zu warten. In der Ferne knabbern vier Dromedare an den Blättern der Arganien, ein beiges, ein geschecktes und zwei braune. Das ganz Helle kommt langsam auf uns zu, immer mal wieder in unsere Richtung schnüffelnd. Als es nur noch ein paar Schritte entfernt ist, streckt es neugierig den Kopf, die Schlabberlippe vibriert leicht. Vorsichtig nähern wir uns und halten ihm die Hände unter die Nase. Vielleicht ist es bei Dromedaren ja ähnlich wie bei

Hunden, und sie müssen erst mal den fremden Geruch aufnehmen. Ganz geheuer ist mir die Sache nicht, schließlich hatte ich bisher noch nie Kontakt mit diesen Tieren. Peter hat keinerlei Bedenken. „Na, meine Schöne, Du bist doch sicher ganz lieb." Freundlich tätschelt und streichelt er das Dromedar. „Komm, es fühlt sich gut an", ermutigt er mich. Und tatsächlich, das Fell ist dick und überraschend weich. Ich hatte es mir eher borstig vorgestellt. Ein langer Blick aus sanftmütigen Augen und dann trottet das Tier wie in Zeitlupe davon, eine ungeheure Ruhe ausstrahlend. Sein Körper wirft im späten Licht einen langen Schatten, die helle Wolle leuchtet nun rosa. Peter und ich lächeln uns an. Unser Blick schweift über die Landschaft. Worte brauchen wir jetzt nicht. Es wäre auch schwer, welche zu finden. „Da ist sie ja!" Ich zeige auf einen Punkt in der Ferne. Mit hochgestelltem Schwanz trabt Kara heran. Auch sie sieht glücklich aus.

Sternschnuppenregen

Unter einer Glocke aus Abgasen und Lärm bewegen wir uns am ersten Tag durch Marrakesch. Es ist fast unerträglich. Nerven und Schleimhäute sind gereizt und es herrscht auch im übertragenen Sinne „dicke Luft". Eine Inversionswetterlage verhindert den Abzug der Emissionen, die als milchig-gelbe Schicht in der Stadt kleben. Vorfreude und Gelassenheit gehen im höllischen Verkehrslärm verloren. Motorradknattern und ständiges Hupen. Ein Gewirr von Menschen und Fahrzeugen. Busse, Autos, Kutschen, Taxis, Fahrräder und immer wieder Eselskarren, mit Pappe, Holz oder Metallschrott hoch beladen. Gerade noch können wir einem solchen Gefährt ausweichen, das ein junger Mann, wie ein ungarischer Csiko akrobatisch auf der Ladefläche stehend, geschickt und schnell durch das Verkehrschaos dirigiert. Nichts bereitet uns bei der Anfahrt auf dieses quirlige Treiben vor. Marrakesch ist umgeben von landwirtschaftlich intensiv genutzten Gebieten. Die schneebedeckten Gebirgszüge des Hohen Atlas sind nur sechzig Kilometer entfernt. Avisieren in Deutschland dicht besiedelte Vororte und ausgedehnte Gewerbegebiete die Nähe der Großstadt, erreichen wir Marrakesch unvermittelt. Eben noch karge Hügel und weite Äcker, geben jetzt Autoschlangen, Supermärkte und dichte Wohngebiete die 1-Millionen-Einwohner-Metropole zu erkennen. Einst war die Stadt Knotenpunkt der großen Karawanenrouten zwischen Nordmarokko und der Sahara. Gold- und Sklavenhandel machten sie reich. Unverändert fungiert sie auch heute noch als wichtiges Handelszentrum und kann sich als Kongressstadt international behaupten. In alten Chroniken wird Marrakesch „Marrukusch, die Stadt" genannt. Die Portugiesen machten daraus Marocos, die Spanier Marruecos. Somit ist Marrakesch letztendlich Namensgeber für das ganze Land.

Wie am Vortag fahren wir mit dem Taxi in die Innenstadt. Auf der Windschutzscheibe des klapprigen, aber blitzblanken Fahrzeugs klebt das Wappen eines Fußballvereins, auf dem Armaturenbrett sitzt ein blaues Plüschküken. Der Fahrer ist mürrisch und riecht stark nach Schweiß. Gegen diese penetranten Ausdünstungen hilft auch der am Rückspiegel baumelnde Frischeduftbaum nichts, der hier natürlich die Silhouette einer Palme hat. In rasantem Tempo fährt er vorbei an brennenden Müllhalden bis zu den repräsentativen und sauberen Avenues im Zentrum. An der Koutoubia-Moschee, dem architektonischen Wahrzeichen Marrakeschs, steigen wir aus. Blauer Himmel, klare Luft. Ah, jetzt kann man wieder atmen! Nichtmoslime dürfen die Moschee nicht betreten und so können wir nur das etwa siebzig Meter hohe, mit Steinornamenten verzierte Minarett bestaunen. An jeder Seite ist es anders gestaltet. Umgeben ist das Bauwerk von einer schönen Grünanlage. Das ist auffällig in dieser riesigen Stadt: Überall gibt es kunstvoll angelegte und sehr gepflegte, parkähnliche Flächen. Oasen der Ruhe und der Kommunikation. Als wir uns aus dem Grün lösen und wieder in die belebte Hauptstraße einbiegen, trifft uns der Lärmpegel doppelt stark. Es ist, als hätte jemand den Lautstärkeregler des Radios versehentlich bis zum Anschlag aufgedreht. Auf dem Weg zum Bahia-Palast kämpfen wir uns durch Massen von Menschen und Fahrzeugen. Wir müssen uns erst an diese hektische Betriebsamkeit gewöhnen. Dann betreten wir den schönen Innenhof des Palastes und sind verzaubert. „Malerisch, märchenhaft, wie 1001 Nacht" – man ist versucht, diese klischeehaften Formulierungen zu wiederholen, fällt es doch schwer, neue, treffendere zu finden. Marrakesch gehört neben Fez, Rabat und Meknes zu den Königsstädten und beeindruckt den Besucher mit seinen unzähligen Kulturdenkmälern. Abstraktion bestimmt die Architektur. Filigrane Zedernholzschnitzereien und farbenfrohe Malereien, aufwändige Fliesenmosaike und Stuckarbeiten. In den Gärten: Bananenstauden mit ihren exotischen Blüten,

Bougainville, Olivenbäume, Oleander und - Stille. Die haben wir noch in keiner anderen Großstadt so deutlich empfunden wie in Marrakesch. Immer wieder flüchten wir in Metropolen aus dem hektischen Treiben ins Grün, um unsere von tausend Bildern und Tönen strapazierten Sinne zu beruhigen. Aber auch in den weitläufigsten Parks und idyllischsten Gärten bewegten wir uns dort stets unter einer Glocke von Großstadtgeräuschen. In ihrem Gleichmaß wie Meeresrauschen, aus dem regelmäßig individuelle Spitzen hervorquellen. Vielleicht eine Polizeisirene, Glockenläuten oder das Lachen eines Kindes. Wohin wir auch gingen, die Stadt mit ihren Tönen blieb nie ganz draußen und erzeugte wieder Bilder und Gefühle in uns. Anders in Marrakech. Kein Geräusch dringt von außen durch die Mauern. In dieser friedlichen Ruhe könnte Muse stattfinden, wenn die Touristenströme nicht wären. Denn natürlich werden zahlreiche Gruppen durch den prächtigen Palast mit seinen reichverzierten Innenräumen geführt.

Ebenso beeindruckend ist die Medersa, die alte Koranschule. Man kann kaum glauben, dass in den engen, winzigen Räumen, die kaum mehr als zwei mal zwei Meter messen, früher Schüler wohnten. Aus den niedrigen Fensterchen schauen Touristen und lassen sich fotografieren. Andere sitzen lesend oder dösend um das Marmorbecken im Hof, in dem sich die filigranen Holzschnitzereien und bunten Keramikornamente spiegeln. Eine ältere, etwas gouvernantenhaft wirkende Dame im blauen Faltenrock und Blazer sitzt auf einem Stuhl in der Ecke und schreibt in ein großes Heft. Was sie wohl notiert? Einige der früheren feudalen Wesirpaläste oder Pascharesidenzen sind heute zu Privathäusern, Restaurants oder Gästehäusern, sogenannten Riads, restauriert und ausgebaut. Riad heißt eigentlich Garten, bezeichnet aber auch Stadthäuser mit Gärten oder begrünten Innenhöfen. In solch edlem Haus lassen wir uns an Peters Geburtstag, der gleichzeitig unser Hochzeitstag ist, verwöhnen. Die Mitte des Raumes wird dominiert von einem Brunnen, in dem Rosenblüten und Kerzen schwimmen. Ein riesiger Leuchter, bestückt mit unzähligen Kerzen hängt in der Mitte über mehrere Etagen herab. An den Wänden filigrane Lampen, die hübsche Muster auf den rauen Putz zaubern. Es glitzert und plätschert und duftet. 1001 Nacht!

In den quirligen Souks wird orientalische Lebensart besonders deutlich. Ein Gefühl der Fremdheit, bei gleichzeitiger Faszination befällt mich. Trotz „Einlesen" bin ich nicht vorbereitet auf dieses lebhafte und laute Gedränge. Auf das die Sinne überfordernde Warenangebot, den starken Duft von Kräutern, Gewürzen und Essenzen. Eine üppige Fülle, die sich warm anfühlt, mich aber auch fast erschlägt. Hier gibt es von allem zu viel. Zuviel Schönheit. Zuviel Hässlichkeit. Und trotzdem stehe ich in einem Sternschnuppenregen aus Glücksmomenten. In engen, verwinkelten Gassen reihen sich die winzigen Läden und Werkstätten aneinander. Handel und Handwerk werden immer noch ausgeübt wie im Orient des Mittelalters. Jedes Handwerk hat sein eigenes Quartier. Alte Produktionsverfahren bestimmen den Prozess, für neue Techniken und Optimierung der Abläufe fehlt einfach der Platz. Die Händler verfolgen unterschiedliche Rezepte, um potentielle Kunden zum Kauf zu bewegen. Meistens freundlich, charmant und witzig, hin und wieder aufdringlich und lästig. Waren bis unter die Decke, bunt und vielfältig. Wunderschöne, filigrane Lampen. Farbenfrohe, kunstvoll geflochtene Taschen und Körbe. Spitze Kegel aus Gewürzen, die betörend duften. Kappen, Mützen und Tücher. Glänzende Teekannen und ziselierte Tabletts. Teppiche, die über Hauswänden hängen. Schuhe, Sandalen und die typischen Babouches in allen Formen und Farben. Wir lassen uns durch die verschachtelten Viertel treiben. Längst haben wir es aufgegeben, uns merken zu wollen, wo und wie oft wir abgebogen sind. Orientierung ist in diesem Labyrinth nicht möglich. Verlorengehen kann man aber auch nicht, denn entweder stößt man irgendwann wieder auf eine im Stadtplan verzeichnete Hauptstraße oder hilfsbereite Menschen weisen den Weg hinaus aus dem Gassengewirr. Im Färberviertel schauen wir einem Arbeiter über die Schulter, der lange Wollbahnen im dampfenden Farbenbad wendet. Malerisch hängen mohnrote, azurblaue oder gelbe Bündel von den Holzdächern der Gassen herab. Sonnenstrahlen fallen durch die Latten der Lauben und lassen irritierende Streifenmuster entstehen. Vom Apotheker lassen wir uns – er spricht sehr gut deutsch - die Wirkungsweisen der grellbunten Tinkturen und Pülverchen erläutern. Der große, hagere Mann empfiehlt verschmitzt die rosa-farbenen Tropfen. „Aphrodisiakum! Oh la la, Madame!" Je weiter nördlich wir im Souk gehen, umso ärmlicher wird es. Vorbei sind edler Schmuck und silberne Kannen. Hier werden Alltagsdinge produziert oder noch häufiger repariert. In einer Schlosserei schweißt gerade ein Mann mit unglaublich schmutzigen Händen und Füßen ein Käfiggestell auf einen Karren, auf dem wahrscheinlich einmal Hühner transportiert werden sollen. „Pardon", entschuldige ich mich bei dem Händler, über dessen Auslage ich vor lauter Schauen gerade gestolpert bin. Er sitzt auf dem Boden, neben sich die obligatorische Teekanne, und bietet gebrauchte Schuhe feil. Lachend winkt er mir zu. Wie so viele Marokkaner hat er nur noch wenige, braune

Zähne. Es folgt nicht der übliche Verkaufs-Smalltalk: „Bon jour Madame. Allemande? Geht gut?" Er weiß wohl, diese Sandalen und Stiefel kämen für uns nicht in Frage: Ein Berg zerbeulter, ausgeblichener, zerkratzter Latschen. Wie arm müssen der Mann und seine Kunden sein, dass diese schäbige Ware noch einen Marktwert hat?

Nach ein paar Tagen verlassen wir den etwas außerhalb gelegenen Campingplatz. Um näher am Geschehen zu sein und das manchmal doch lästige Feilschen um den Taxipreis zu umgehen, folgen wir einer Empfehlung und übernachten auf einer bewachten Parkfläche direkt gegenüber des berühmten Platzes Djemaa el Fna. Übersetzt bedeutet der Name „Versammlungsort der Getöteten" und deutet darauf hin, dass hier früher die Köpfe von Hingerichteten ausgestellt wurden. Straße überqueren, vorbei an unzähligen Pferdedroschken – und schon stehen wir auf dem wohl berühmtesten Platz Afrikas. Jetzt, am frühen Nachmittag, ist es noch ruhig hier. An einem der zahlreichen Stände trinken wir ein großes Glas frisch gepressten Orangensaft. Als wir das Wechselgeld herausbekommen, stellt sich eine abgemagerte Bettlerin dicht neben uns und deutet mit einer bittenden Geste auf die Münzen. In ihrem kleinen, faltigen Gesicht leuchten zwei freundliche, schwarze Äuglein, die uns anrühren. Wir legen das Geld in ihre braune, zittrige Hand und spendieren ihr noch einen Orangensaft, den sie mit schlürfenden Geräuschen in kleinen Schlucken trinkt. Marrakesch hat viele Bettler: Blinde, Lahme, Alte und Mütter, die selbst ihre Kleinkinder vorschicken. Wie die Bettler gehören auch die Gaukler und Künstler zum Platz. Es gab sie schon immer, sie kommen also nicht nur wegen der Touristen hierher. Aber natürlich sind die ausländischen Gäste eine willkommene Einnahmequelle und so muss man für jeden Blick, für kurzes Zuhören und Fotografieren oder auch nur für ein überraschtes Lachen einen kleinen Obolus zahlen. „Brauchst Du neue Zähne?" Peter zeigt schmunzelnd auf einen Tisch voller Zahnprothesen. Dieses Angebot scheint mir nun doch eher eine Attraktion für Touristen zu sein, zumindest habe ich keinen Marokkaner gesehen, der Kaufinteresse gezeigt und die Dinger mal anprobiert hätte. Immer mehr Menschen füllen den Platz. Elegante, westlich gekleidete Herren, Mädchen in Jeans, verschleierte Frauen und Männer in der traditionellen Djellaba. Und natürlich Touristen aus der ganzen Welt, unschwer zu erkennen an ihrer hellen Haut, der sportlich-legeren Kleidung und den immer griffbereiten Kameras. Es gibt so viel zu sehen! Schlangenbeschwörer, die ihre trägen Tiere mit monotonen Flötentönen versuchen zu animieren. Musik- und Theatergruppen. Frauen, die mit Henna filigrane Muster auf die Handrücken der

Kundinnen malen. Boxkämpfe und Glücksspiele. Als Frauen kostümierte Tänzer. Affendresseure und Wahrsagerinnen. Erschrocken drehe ich mich herum, denn direkt hinter mir höre ich aufgeregte Stimmen. Ein Äffchen hat sich losgerissen und saust davon, von seinem laut rufenden Besitzer verfolgt. Immer, wenn er es fast eingeholt hat, schlägt das possierliche Tier einen Haken und der Griff des Mannes geht ins Leere. Jetzt macht es Anstalten, an einer Touristin hochzuspringen. Die wehrt es mit heftigem Armwedeln und hysterischen Schreien ab. Endlich kann der Dresseur den Affen einfangen und ein erleichtertes Raunen und Lachen geht durch die Menge. „Diese Extra-Darbietung hat diesmal ja gar nichts gekostet!" stelle ich amüsiert fest.

Bei den Wasserverkäufern kauft nur sehr selten jemand Wasser. Nur einmal beobachten wir, dass sich ein Einheimischer einen Becher aus dem ziegenledernen Schlauch füllen lässt. Wegen ihrer aufwändigen, bunten Tracht verdienen sie heute ihr Geld hauptsächlich damit, den Touristen Modell für Fotos zu stehen. Der sphärische Klang ihrer Glöckchen liegt stets über dem Platz, so dass man gar nicht anders kann, als den Djemaa el Fna mit diesen hellen, melodischen Tönen zu verknüpfen. Später werden wir auf kleinen regionalen Märkten „echte" Wasserverkäufer sehen und feststellen, dass diese Einrichtung doch immer noch von den Marktbesuchern genutzt wird. Oft sind es alte, gebrechliche Frauen, die ein Schlückchen Wasser verkaufen, lediglich ausgerüstet mit einem Topf und ein paar Bechern.

Fernsehen und Internet kann sich in Marokko noch längst nicht jeder leisten, außerdem ist Analphabetismus noch stark verbreitet. Dies mag einer der Gründe dafür sein, dass sich um die Märchenerzähler immer sehr viele Leute versammeln. Die Zuhörer - es sind ausschließlich Männer - stehen oder hocken in einem Kreis um den Künstler herum. Andächtig lauschend, geradezu an den Lippen des Erzählers hängend. Der spricht eindringlich, mal laut, mal leise, vom kindlichen Lachen des Publikums begleitet. Grade wiederholt er monotone Laute und sammelt dabei Münzgeld ein, das er dann, beschwörende Worte murmelnd, in seinen Händen wiegt. Uns rührt das Staunen in den Gesichtern der jungen Männer, ihr hingebungsvolles Interesse, ihre Aufmerksamkeit und Fröhlichkeit.

Von all den Eindrücken müde geworden, machen wir auf der Terrasse eines Cafés eine Pause. Wie weit entfernt das Geschehen von hier oben wirkt. Der Café au Lait schmeckt lausig, der Kellner ist unfreundlich und der Toilettengang teuer. Der Clou: Exakt zwei Blätter Toilettenpapier bekommt man vor

Benutzung des WCs zugeteilt. Durchfall darf man da keinen haben! Mit der Dämmerung geht eine Verwandlung einher, der Platz wird nämlich zu einer gigantischen Volksküche. Auf Karren werden Gestänge, Bänke, Lebensmittel und Töpfe herbeigebracht und innerhalb kurzer Zeit unzählige Imbiss-buden aufgebaut. Jeder Handgriff sitzt. Mittlerweile gibt es strenge Hygienekontrollen, und so wagen wir ein schlichtes Abendessen. Die Stände sind durchnummeriert und nach Gerichten sortiert. Ein Schnupperangebot der marokkanischen Küche. In der einen Reihe dampft leckere Harira in riesigen Suppentöpfen, in der nächsten köcheln Schnecken und in der übernächsten stehen scharf gewürzter Tee und Süßigkeiten bereit. Hier gegrillter Fisch und Fleischspieße, dort Schaf- und Ziegenfleisch. Die Köpfe der Tiere liegen hübsch drapiert auf dem Tresen. Gekocht sollen sie eine Delikatesse sein. Auch die übrigen Speisen werden auf Petersilienbergen ästhetisch ansprechend präsentiert. Unser Bummel gleicht einem Spießrutenlauf. Eine Meute „Anreißer" ist auf Kundenfang. Jeder der jungen Männer versucht mit kleinen Schelmereien die Besucher zu seiner Bude zu locken. „One, one, seven – brings you to heaven!", ruft uns einer zu, damit wir uns seine Standnummer einprägen. „Bonsoir Monsieur Moustache, allemand?" Bejaht man die Frage und verlangsamt für einen Moment seinen Schritt, hat man schon verloren. „Bei uns lecker Eisbein und Schnitzel." Kann man jetzt ein Schmunzeln nicht unterdrücken, sitzt man schon halb am Tisch, auf dem bereits Bestecke, Servietten und Brote bereitliegen. „Monsieur, sie Hunger, ich wissen! Ich telefonieren gerade mit Ihre Bauch." Dabei macht der etwa Zwanzigjährige mit der einen Hand eine Geste, als ob er telefoniere, mit der anderen tätschelt er fürsorglich Peters Bauch. Wir müssen lachen, zögern aber immer noch. „Monsieur, überall gleiche Qualität. Warum nicht kommen zu mir?" Dieser Logik haben wir nichts entgegen zu setzen und wir folgen ihm. Hat er, indem er uns ein Lachen entlockte, nicht mehr für unser Wohlbefinden getan, als es jemals einer der blasierten Kellner in Deutschland tat? Spät ist es mittlerweile geworden. Trotzdem sind noch viele Kinder unterwegs. Ein kleiner, etwa achtjähriger Junge sitzt still auf einem umgedrehten Eimer, eine Schachtel mit Keksen auf seinen Knien. Hin und wieder verkauft er einen Keks, den er mit einer kraftlosen Geste dem Kunden reicht. Nichts Kindliches geht von dem Buben aus. Seine traurigen Augen schauen ins Leere. Nach wie vor ist Kinderarbeit weit verbreitet in Marokko. Weil auch der geringste Beitrag der Kleinen der Familie im täglichen Kampf ums Überleben hilft. Unter dem melancholischen Blick des Jungen verflüchtigt sich die Leichtigkeit, die wir inmitten des übermütigen Trubels der Garküchen empfunden haben und macht einer Art Katerstimmung Platz.

Marock ´n´ Roll

Immer voller wird der Campingplatz bei Taghazout. Dicht stehen die Wohnmobile beieinander. Grüppchen, Freundschaften und Feindschaften entstehen. Täglich die gleichen Gespräche über Hunde, mögliche Stellplätze und die Technik am Fahrzeug. „Das sind keine Reisenden mehr. Sie kochen gern und schwatzen gern, aber sie sind nicht mehr neugierig", konstatiere ich. Eines Morgens stellen wir fast gleichzeitig die Frage: „Wollen wir weiter fahren?" Zu meinem Geburtstag habe ich einen Wunsch frei und so schlage ich einen Ausflug zum Wasserfall Immouzzer vor. Frühstück gibt es auf einer herrlichen Terrasse mit Blick aufs Meer. Am Nebentisch sitzen einige junge, athletisch gebaute Männer. Sie schauen ihren Freunden zu, die mit ihren Surfboards wie Seehunde im Wasser treiben, um auf die nächste große Welle zu warten. Da kommt eine! Nur wenigen Surfern gelingt es, rechtzeitig umzudrehen und sich aufs Brett zu schwingen. Elegant gleiten sie vor der Welle entlang und lassen sich, bevor diese sich überschlägt, auf die andere Seite des Wellenkamms fallen. Begeisterter Applaus vom Nachbartisch und Gesten, die den Verlauf der Surfkurve anerkennend nachzeichnen. Taghazout ist bei Surfern bekannt und beliebt und so begegnet man ihnen hier entsprechend häufig. Mit blankem Oberkörper, das Surfbrett unterm Arm, laufen sie durch die Gassen des kleinen Ortes oder fahren mit dem Linienbus zur nächsten Bucht. Meist begleitet von jungen Frauen in Miniröcken oder Shorts, die Sonnenbrillen lässig übers Haar geschoben. Die Einheimischen reagieren großzügig-gelassen und stellen sich geschäftstüchtig auf das Klientel ein. Badelatschen in allen Variationen, Sonnenbrillen, bunte Badehosen und witzig bedruckte T-Shirts, z. B. mit einer Person, die die traditionelle Djellaba trägt, unterm Arm ein Surfbrett. Darunter der Schriftzug „Marock ´n´ Roll". Weiter geht es auf schmaler Straße. Noch wenig spektakulär, immer entlang eines Flussbettes. Arganienbäume, Felder, Bienenkästen, hier und da ein Dorf und Straßenhändler, die Keramik und Fossilien anbieten. Mit jedem Kilometer aber wird die Landschaft reizvoller. Steile Felswände, in die die Zeit Treppen und Risse gesprengt hat. Olivenhaine und Bananenplantagen. Immer wieder bildet der Fluss Wasserbecken, die, malerisch von Oleander und Palmen eingerahmt, zum Baden locken. Paradise Valley nannten die Hippies, die sich früher hier gern niederließen, das Tal. Auch heute zieht es noch viele junge Leute an, die oft in abenteuerlichen, selbst ausgebauten Fahrzeugen unterwegs sind. Einer von ihnen wandert die steile Straße entlang, auf dem

Rücken einen riesigen Rucksack, an dem ein rauchgeschwärzter Wasserkessel und ein Kochtopf baumeln. Wir halten an und fragen, ob wir ihn ein Stück mitnehmen dürfen. Es ist Chris, ein Mann von etwa dreißig Jahren, mit sanften braunen Augen. Aus der französischen Schweiz ist er ohne eigenes Fahrzeug angereist, hat vier Wochen bei einem Bauern in den Bergen gearbeitet und trifft sich nun zum Rainbow-Gathering mit gleichgesinnten Leuten. Bei dieser weltweiten, jährlichen Veranstaltung an unterschiedlichen Orten leben für ein paar Wochen Menschen zusammen, die sich der Rainbow-Family zugehörig fühlen. Basisdemokratisch, sozial verpflichtet, vegetarisch und weitgehend ohne technische Errungenschaften. Chris´ Gegenwart schwebt noch lange im Raum. Seine freundliche, ausgeglichene Ausstrahlung ebenso, wie der Duft nach Geräuchertem, denn seiner Kleidung und Ausrüstung entströmt ein starker Geruch nach Lagerfeuerrauch.

Mandelblüte. Ein Traum in Rosa und Weiß. Wir können uns gar nicht satt sehen. An einem idyllischen Plätzchen am Fluss machen wir Rast, Kara tobt im Wasser. Geschickt die Böschung hinunter balancierend, bringt uns ein Händler frisch gepressten Orangensaft. Paradise Valley! Wir genießen die Sonne, lassen uns Zeit. Am späten Nachmittag erreichen wir Immouzzer, zu spät, um noch zum Wasserfall zu laufen. So stellen wir unser Fahrzeug an dem Restaurant mit herrlichem Panorama ab. Hier wollen wir heute zu Abend essen und dürfen auch über Nacht stehen bleiben. „Meinst Du, wir können mit dem Wohnmobil die restlichen vier Kilometer zum Wasserfall fahren? Im Reiseführer steht nichts Konkretes drin. Nur, dass die Straße schmal und steil ist, es aber kurz vor dem Wasserfall einen Parkplatz und mehrere Cafés gibt. Von da sind es dann noch 500 Meter zu Fuß. Das klingt eigentlich nach guter Infrastruktur." „Wir schauen uns die Straße erst mal an", schlägt Peter vor. Wenige Minuten später stellen wir erleichtert fest: „Die ist ja in Beton eingefasst, also sogar noch besser, als die letzten Kilometer hierher." Stockfinster ist es schon, als wir später die wenigen Stufen zum Restaurant hinuntergehen. „Kein Licht! Wir haben doch extra gefragt, ob sie heute Abend geöffnet haben", murmelt Peter. „Würde mich nicht wundern, wenn es wieder in die Hose geht! An Deinem Geburtstag geht doch immer etwas schief. Ich organisiere einfach nichts mehr!" Resigniert und unglücklich schaut er mich an. „Herzlich willkommen! Kommen sie nur rein!" Aus dem Dunkel ist der freundliche Wirt aufgetaucht. Während er uns in das ungeheizte Lokal führt, bemerkt er in gutem Deutsch mit österreichischem Akzent: „In dieser Jahreszeit ist es hier abends recht kühl, aber ich mache es ihnen gleich gemütlich."

Später wird er uns erzählen, dass er jahrelang in der Nähe von Innsbruck gearbeitet hat. „Nehmen Sie Platz. Ist dieser Tisch recht?" Enttäuscht setzen wir uns. Offensichtlich werden keine weiteren Gäste erwartet. Ein bisschen lebhafter und vor allem wärmer hatten wir uns das Geburtstagsessen nun doch vorgestellt. Der Wirt bringt uns die Speisekarte und wuselt anschließend hin und her: Gasbetriebenes Heizöfchen aufstellen, Feuer im Kamin anzünden, Bestellung aufnehmen, Brot mit Oliven und den bestellten Rotwein servieren. Eiskalt rinnt der erste Schluck unsere Kehlen hinunter. Wir verziehen wohl ein wenig das Gesicht, denn der freundliche Gastgeber entschuldigt sich sofort und stellt die Flasche vor den Kamin. Und dann wird der Abend doch noch ganz nett. Von hinten wärmt das Kaminfeuer, von vorne das Gasöfchen und von innen das schmackhafte Essen und der nun auf etwas unkonventionelle Art wohltemperierte Wein. Hände, Füße und Herz fühlen sich schließlich wohlig warm an und ich kann witzeln: „Du hast ja mal wieder keine Kosten und Mühen gescheut und das ganze Restaurant für mich gemietet. Wolltest wohl mit mir allein sein!"

Früh stehen wir am nächsten Morgen auf, um den Sonnenaufgang fotografisch einzufangen. Riesengroß und orangeglühend gibt der Mond die Bühne frei für die Dämmerung. Berge, Bäume und Häuser tauchen schemenhaft aus dem Dunkel auf. Stille. Nur hin und wieder entferntes Vogelzwitschern. Das Morgengrauen ist wirklich grau, noch fehlt der Landschaft Farbe. Nur ganz langsam hebt sich der Schleier. Zuerst färbt sich der Horizont blau, während das Näherliegende noch milchig verschwimmt. Die höher steigende Sonne wischt schließlich allen Dunst hinweg. Berge beginnen zu glühen. Ein leichtes Rauschen des Windes. Palmwedel wiegen sich grazil und elegant. Die Äste einer riesigen Arganie dagegen verharren nahezu starr. Nur hin und wieder zittert ein dünnes Zweiglein, fast unmerklich. Wie das scheue Lächeln, das über das Antlitz eines verschlossenen Menschen huscht. Schließlich machen wir uns auf den Weg zum Wasserfall. Die anfänglich gut ausgebaute Straße wird bald immer schmaler. Enge Serpentinen. Felswände fallen senkrecht hinab. Leitplanken gibt es hier keine. Meine Höhenangst macht sich in zitternden Knien bemerkbar. „Was machen wir, wenn uns einer entgegenkommt?" Peter antwortet nicht. Den erwähnten Parkplatz gibt es wirklich, die Cafés auch, den Wasserfall nur ein bisschen. Trotz des Winters führt er kaum Wasser. Zudem ist der Pfad zu ihm völlig vermüllt. „Das hätte sich ja überhaupt nicht gelohnt", stellen wir enttäuscht fest, „wenn es nicht die herrliche Anfahrt durch das Paradise Valley gäbe!" Übrigens, auf dem Rückweg kommen uns tatsächlich zwei Fahrzeuge entgegen. Glücklicherweise nur PKW, die an einer etwas breiteren Stelle ausweichen können. „Wenn das jetzt Wohnmobile gewesen wären ...?" Auch diesmal bekomme ich keine Antwort.

„Wind of change!"

Ca. 1.200 km sind es von Agadir bis Dakhla ganz im Süden von Marokko. Auf schmaler Straße durch eine endlose Steinwüstenlandschaft. Am Ziel soll es neben Stränden wie in der Karibik badefreundliche Wasser- und Lufttemperaturen geben. Für einen schönen Strand würden wir nicht so weit fahren, aber wir sind neugierig auf die Erfahrung von Wüste und Ödnis und auf die Gefühle, die diese in uns auslösen. Erste Station ist Tiznit, eine Stadt, die schon Wüstenflair ausstrahlt. Einst war der Ort Karawanenzentrum, Umschlagplatz für die Nomaden der Sahara und bedeutende Produktionsstätte für Waffen und Silberschmuck. All diese Funktionen hat die Stadt im Laufe der Zeit, auch durch das Aussterben der Nomadenkultur, mehr oder weniger verloren. Heute ist sie wichtiger Handelsort für die Region und Militärstützpunkt. Aufgrund des immer noch schwelenden Westsaharakonfliktes hat Tiznit an strategischer Bedeutung gewonnen. Weite Gebiete der Westsahara waren bis 1975 spanische Kolonie. Nach Intervention der UN gab Spanien seine Absicht bekannt, einen Volksentscheid herbeizuführen und dem Gebiet Autonomie zu gewähren. Das rief den marokkanischen König auf den Plan. Er wollte nicht riskieren, dass sich an der Südflanke Marokkos ein sozialistisch organisierter Staat bildete, noch dazu von Algerien und Libyen unterstützt. Außerdem, so argumentierte er, gab es schon immer starke traditionelle Bindungen zwischen den Wüstenbewohnern, den Saharawis, und Marokko. So wurden etwa 350.000 unbewaffnete marokkanische Männer und Frauen mobilisiert, Fähnchen schwenkend Richtung Süden zu marschieren. Mit diesem sogenannten „Grünen Marsch" annektierte Marokko faktisch die Wüstenregion. Von Libyen und Algerien finanzierte und ausgebildete Guerillas der Polisario-Gruppe, die schon vorher gegen die Ausbeutung durch die Kolonialmacht rebelliert hatten, begannen nun einen Feldzug für die Unabhängigkeit der ehemaligen Kolonie. Nach Jahren des Kampfes, von beiden Seiten mit gnadenloser Härte geführt, kontrollierte Marokko weite Teile der Region bis zu den Grenzen Algeriens und Mauretaniens. Schließlich nahmen Marokko und die Polisario einen Friedensplan der UN an, der ein Referendum vorsah, das der Bevölkerung die Wahl zwischen der Unabhängigkeit und dem Verbleiben bei Marokko ermöglichen sollte. Bis heute scheiterte eine Abstimmung, weil man sich nicht über die Frage einigen kann, wer als Saharawi zu gelten habe, also wahlberechtigt ist. Durch große Investitionen und Steuervergünstigungen in der Westsahara erhofft sich Marokko eine Abstimmung zu seinen Gunsten. Nicht zuletzt, um die Phosphatvorkommen für das Land zu sichern und einen Atlantikzugang für Algerien zu verhindern. Auch Tiznit profitiert von dieser Politik. Gute Straßen, neue Wohnviertel und eine große Anzahl von Geschäften und Handwerksbetrieben zeugen davon. Viele Mehrfamilienhäuser sind noch im Rohbau oder sehen unbewohnt aus. Hat man das Bevölkerungswachstum und den Zuzug überschätzt? Umgeben ist die Stadt von einer schönen, gut erhaltenen Festungsmauer, errichtet aus „pisé", einer gestampften, lehmhaltigen, ockerfarbenen Erde. Eigentlich wollen wir gemütlich durch die Medina bummeln, aber unsere erste negative Begegnung in Marokko hat uns die Stimmung verdorben. Gleich hinter dem Stadttor spricht uns ein junger Mann an. Zuerst fallen uns die großen, weißen Flecken an seinen Händen auf, eine Pigmentstörung, die in Marokko recht häufig zu sehen ist. Auf seinem Fahrrad fährt der Bursche neben uns her und empfiehlt sehr hartnäckig die Silberschmuckwerkstätte seines Onkels. Tiznit ist bekannt für seinen filigranen Silberschmuck und die reichverzierten Dolche und Säbel. Heute haben wir allerdings keine Lust auf eine Besichtigung, verbunden mit dem zwangsläufig anschließenden Verkaufsgespräch, und so lehnen wir mit einem „No, merci" und einem Lächeln freundlich ab. Wie zu erwarten, ist der Mann nicht so leicht abzuschütteln. Als er auch das vierte

„No, merci" ignoriert und mit seinem Fahrrad immer dichter unseren Weg kreuzt, ruft Peter energisch: „No, merci, jetzt hau aber ab!" Da trifft uns ein Blick aus zusammengekniffenen Augen und ein gehässig ausgestoßenes „Scheiß Deutschland!"

Im orangegelben Abendlicht erreichen wir am nächsten Tag Sidi Ifni. Das von den Spaniern bereits 1445 gegründete Städtchen ist hübsch herausgeputzt. Die weiß-blau restaurierten Gebäude aus der Kolonialzeit stammen allerdings erst aus den dreißiger Jahren des letzten Jahrhunderts. Kurios sind die Türme einer Seilbahn, die vom Festland ins Meer hinausführte, um Güter von den Schiffen an Land zu befördern. Die Gondeln stammten aus Grenoble. Nur zehn Jahre, von 1965 bis 1975, war das ungewöhnliche Transportmittel in Betrieb. „Das gäbe bestimmt schöne Fotos von da oben." Peter schaut bedauernd zum Leuchtturm hoch und drückt probeweise die Klinke des geschlossenen Tores herunter. „Die ist ja gar nicht abgeschlossen", stellt er erstaunt fest und ist schon hinter der großen Eisentür verschwunden. „Du kannst da doch nicht einfach so reinspazieren!" rufe ich ihm nach, aber meine Einwände bleiben ungehört, denn mein Mann steigt bereits die Stufen des Leuchtturms hinauf. Ich bleibe unten und stehe Schmiere, was sich zehn Minuten später als völlig überflüssig herausstellt. Peter kehrt scherzend an der

Seite eines Mannes in Arbeitsoverall zurück. „Der Leuchtturm wird gerade renoviert und der nette Herr hier hat mir erlaubt, bis ganz nach oben zu klettern, um zu fotografieren", klärt er mich auf. Mit einem „Shukran" dankt Peter dem Handwerker und die beiden verabschieden sich voneinander, als wären sie alte Freunde. Wieder einmal wundern wir uns über die sanfte Freundlichkeit vieler Marokkaner. Selten haben wir mürrische, unfreundliche, verschlossene Menschen erlebt.

Bei Sidi Ifni beginnt der „Plage Blanche", ein etwa 150 km langer, meist unwegsamer, menschenleerer Küstenstreifen. Teilweise ist das Terrain mit Geländewagen zu befahren, aber schon manches Fahrzeug ist im Sand versunken. Der Strand ist nicht, wie der Name suggeriert, weiß. Ich vermute, die Bezeichnung hat ihren Ursprung in dem Nebelband, das meist im Hochsommer die Küste entlang zieht, wenn der Temperaturunterschied zwischen dem kalten Kanarenstrom und der Luft zu hoch ist. Ein Abschnitt des Gebietes ist über eine Teerstraße bequem zu erreichen. Einerseits reizt uns das Stranderlebnis, andererseits haben wir gehört, die Gegend sei momentan total überfüllt. Immer wieder wird uns von erfahrenen Marokkoreisenden berichtet, dass sie in all den Jahren noch nie so viel französische Wohnmobilisten getroffen hätten wie dieses Jahr. Vermutlich wird, aufgrund der Unruhen in Tunesien, Marokko als Ersatzziel besonders stark frequentiert. Als Alternative zum Strand wählen wir die Festung Bou Jerif. Einst ein Posten der Fremdenlegion, stößt man heute hier auf eine komfortable, einer Kasbah nachempfundenen Hotel- und Campinganlage. Da nur eine neun Kilometer lange Piste dorthin führt, hoffen wir, den touristischen Massen entfliehen zu können. Tiefe Spurrillen und Schlaglöcher wechseln mit einer Waschbrettoberfläche. Unser Reisemobil ächzt und klappert. Wir werden geschüttelt und hüpfen in den Sitzen rauf und runter. In den Schränken scheppert das Geschirr. Nur Kara nimmt das alles sehr gelassen und döst vor sich hin. „Nee, so können wir nicht weiterfahren. Ich lasse ein wenig Luft aus den Reifen, dann fährt es sich weicher", stöhnt Peter. Gesagt, getan. Und tatsächlich, es rüttelt und schüttelt uns zwar immer noch, aber irgendwie … weicher. „Nur zwei Camper!" freuen wir uns wenig später. Unser Kalkül ist also aufgegangen. Drei erholsame Tage folgen, mit Spaziergängen zur alten französischen Festungsanlage, die malerisch-morbide rostrot in der Abendsonne leuchtet. Braune, sanft gerundete Hügel, bewachsen mit kugeligen, niedrigen Kakteen. Von Kara gejagt, bringen sich gestreifte Wüstennager in Sicherheit und flitzen in ihren Bau. Den Haushund, der uns überall hin folgt, interessiert das alles nicht. Mal hier, mal dort schnüffelnd, bleibt er immer in unserer Nähe. „Kara, wir tauschen Dich um!" Als hätte sie die Drohung verstanden, kommt sie mit hochgestelltem Nackenfell herbeigerannt und knurrt den Konkurrenten an.

Am Rande der Sahara – die Stadt Guelmim, wichtiges Markt- und Administrationszentrum für die Region. Ihre Blütezeit erlebte die Wüstenstadt im späten 19. Jahrhundert, als Etappenziel der Timbuktukarawanen auf ihrem Weg zwischen dem Maghreb und Schwarzafrika. Einstmals fand hier der größte Kamelmarkt Afrikas statt. Geblieben ist nur noch eine wenig authentische Inszenierung für die Touristen. Durch den Westsaharakonflikt haben der Nomadismus und damit auch der Karawanenverkehr stark abgenommen. So sind wohl auch die „Blauen Männer", die uns sofort in ein Gespräch verwickeln, keine wahren Wüstennomaden mehr, sondern Ortsansässige, die sich als Tuareg verkleidet haben. Ihren Namen erhielten die echten „Blauen Männer", weil der Indigofarbstoff ihrer traditionellen Kleidung ihre Haut blau färbte. Auch ohne riesige Kamelherden ist das Markttreiben für uns ein Erlebnis, denn der Handel mit Ziegen, Schafen, Rindern und Eseln ist noch echt. Zunächst sind wir erschrocken über die uns rabiat anmutende Behandlung des Viehs. Mit zusammengebundenen Beinen stehen die Tiere in der prallen

Sonne oder liegen bewegungsunfähig auf der Erde. Manche sind auf Kleintransportern zusammengepfercht. Wie Babyschreie klingen die Laute der Ziegen. Obwohl Märkte üblicherweise eine überwiegend männliche Domäne sind, sieht man hier auch Frauen hart verhandeln. Gerade schaut eine von ihnen einem Schaf fachkundig ins Maul und in die Ohren. Dann tastet sie ihm versiert Bauch und Rücken ab. Der Verkäufer sitzt gelassen zwischen seinen Tieren, redet nur, wenn er angesprochen wird. Kein marktschreierisches Gehabe. Ruhig wartet er ab, die Interessentin immer im Blick. Nun schüttelt die Frau den Kopf und geht weiter. Eine halbe Stunde später kehrt sie zurück. Leises Verhandeln, schließlich der Handschlag zur Besiegelung des Geschäftes. Geldscheine wechseln den Besitzer und ein Junge ist der Käuferin beim Transport behilflich. Dazu packt er das Schaf an dem Seil, mit dem seine Vorderläufe zusammen gebunden sind und zieht das Tier über den Platz. Auf den Hinterbeinen, laut blökend, humpelt, stolpert, rutscht das Schaf hinter ihm her.

Weiter Richtung Süden. Steinwüste, Hamada. Zuerst runde, kahle, braune Hügel. Nur auf einigen Kuppen thronen zerklüftete Spitzen, als ob sie sich aus dem sanften Rund herausgepresst hätten, um etwas Abwechslung in das Einerlei an Formen und Farben zu bringen. Später wird die Ebene von einem Tafelgebirgszug begrenzt. Flache, fensterlose Lehmkaten ducken sich im Windschatten der Berge. Hin und wieder ein Acker, auf dem zartes Grün sprießt. Niedriges Buschwerk. Baufällige, verlassene Häuser. Oder sind sie gar nicht verlassen? Schnurgerade, aber in ständigem auf und ab führt die viel zu schmale Straße immer weiter hinein in die Wüste. An den Rändern ausgefranst, mit tiefen Schlaglöchern. „Pass auf, da kommt wieder ein LKW!" Keinen Zentimeter weicht das entgegenkommende Fahrzeug aus. Peter muss scharf bremsen und nach rechts auf den sandigen Rand ausweichen. „Na, jedenfalls ist hier so viel Verkehr, dass man im Falle einer Panne nicht lange auf Hilfe warten müsste", stelle ich fest. Je weiter man Richtung Süden fährt, umso häufiger kontrollieren Posten der Gendarmerie Royal die Reisenden, eine weitere Auswirkung des Westsahara-Konfliktes. Am besten, man vervielfältigt die Liste mit den üblicherweise geforderten Daten. So geht die Abfertigung am schnellsten. Auf diese Idee kommen wir allerdings erst nach drei Tagen. Wir erreichen Tan-Tan. Von hier führt eine Straße landeinwärts zur Phosphatmine von Smara, die zur größten der Welt zählt. Nur amüsierte Blicke für die riesigen Skulpturen zweier Dromedare, hätten wir fast einen erneuten Kontrollposten übersehen. Wieder werden die uns so unsinnig vorkommenden Fragen nach Beruf, Geburtsort und Vornamen unserer Eltern gestellt. Die beiden uniformierten und bewaffneten Beamten sprechen sehr gut Englisch und sind ausgesprochen höflich. Lächelnd verschwinden sie mit unseren Ausweispapieren in ihrem Wachhäuschen. Nach einer Weile schauen wir uns ratlos an. Warum dauert das so lange? „Ich geh mal gucken." „Ich geh mit." Als wir das Fahrzeug verlassen, ziehen wir fröstelnd die Schultern hoch, denn es ist kalt geworden. Da kommt auch schon einer der Männer mit unseren Pässen in der Hand auf uns zu. Gerade als er sie uns überreicht, fegt eine starke Windböe über uns hinweg. Sand wird aufgewirbelt. Tausend kleine Nadelstiche auf unserer Haut. Ich versuche vergeblich meine tanzenden Haare aus dem Gesicht zu streichen. „Wind of change", meint da der junge Mann lachend und klopft sich den Staub von der Uniform.

Die nun folgenden 180 km verlaufen meist in Meeresnähe. Dort, wo das Panorama am schönsten ist, sind schon von weitem weiße Wohnmobile auf den Klippen zu erspähen. Hin und wieder stehen Einheimische am Abgrund und angeln direkt von dort oben. „Wie kriegen die denn bloß ihren Fang hier rauf?", wundert sich Peter. Immerhin liegt die See schätzungsweise 30 bis 40 Meter tiefer. Möwen nutzen den Aufwind an der steilen Felswand und soaren an der Küste entlang. An der Straße immer wieder

Hütten, aus Decken, Teppichen und Plastikplanen zusammengefügt. Daneben oft nagelneue Steinhäuser. Zwei Fenster, eine Tür, Solarpanel und Wassertank auf dem Dach. Da sie alle gleich aussehen, vermuten wir, dass sie im Rahmen eines Regierungsprogrammes gebaut wurden. Allmählich entschwindet das Meer unseren Blicken und die Route verläuft mehr im Landesinneren. Salzsenken schimmern wie Seen und die kleinen Hügel aus Salz sehen aus der Ferne wie Eisberge aus. Hin und wieder sorgen Sanddünen für ein wenig Abwechslung in der sich immer gleich hinziehenden Wüstenlandschaft. Wind kommt auf und streift über die sanften Kuppen. Sand wirbelt nach oben und man könnte meinen, der Düne entsteige Dampf. Wie Nebelschleier zieht ein feiner Film aus Sand über den Asphalt. Im Laufe der nächsten Stunden bläst es immer heftiger und an einigen Stellen ist die Straße bereits zur Hälfte zugeweht. Dem Druck unserer Füße gibt der Sand weich und flexibel nach. Fährt man mit dem Fahrrad hindurch, fühlt er sich unkontrollierbar wabernd an. Daher sind wir überrascht, als wir eine kleine Sandverwehung auf der Straße mit Tempo 50 überfahren. Es gibt einen Schlag, als wären wir gegen einen großen Stein geprallt. Also muss Peter jede Verwehung langsam umfahren, was sehr viel Zeit kostet und die Frage aufwirft: Schaffen wir es noch bis zum Wüstencamp vor Einbruch der Dunkelheit? Eine fünf Kilometer lange, mit weiß getünchten Steinen gut markierte Piste führt dorthin. Wieder einmal tanzen und scheppern unsere Tassen im Schrank. Türen öffnen sich, Tomaten und Äpfel fallen aus dem Regal. Kara freut sich und frisst alles nach und nach auf. Von uns zunächst unbemerkt, weil die uns endlos vorkommende Rumpelpiste all unsere Aufmerksamkeit erfordert. Endlich, kurz nach Sonnenuntergang, erreichen wir das liebevoll eingerichtete Camp. Umgeben von aus Sand und Stein gebackenen Gebirgsdünen, liegt es einsam am Rand einer schillernden Salzpfanne, aus der ein Tafelberg ragt. Unwirklich, wie eine gemalte Kulisse, empfinden wir das Panorama, das Hellblau der Salzpfanne und das Weiß ihrer Ränder. So schön ist es, dass es schon fast ein bisschen weh tut. Etwas fröstelnd, denn es ist kühl geworden, schlendern wir später zum Beduinenzelt, eine Flasche Rotwein im Gepäck. Um uns herum absolute Dunkelheit. Über uns die Sterne so nah, dass man meint, sie vom Himmel pflücken zu können. Die Mondsichel liegt flach und der „Große Wagen" steht Kopf. Kalte, klare Luft durchströmt uns und versetzt uns in eine Art Hochstimmung. Die Köchin serviert Hühnerpastete, frisches Brot und Ziegenkäse, alles hausgemacht. Für Stunden wie diese reist man, nimmt man die weniger schönen Erlebnisse in Kauf. Wie einen Schatz verwahrt man die Erinnerung an sie. Für schlechte Zeiten.

Laayoune. Im Schritttempo schleichen wir am nächsten Tag durch die Stadt, um keinen der vielen Kontrollposten zu übersehen. Wir sind beeindruckt von den modernen, ansprechenden Gebäuden und den breiten Straßen. Mit viel Aufwand zur Hauptstadt der Westsahara ausgebaut, fungiert Laayoune heute als logistisches Zentrum für die Region und als wichtiger Militärstützpunkt. Mit Erweiterung des Phosphat- und Fischereihafens, der Errichtung des Militärflughafens und der gezielten Ansiedlung von Marokkanern in der Stadt, sollten politische Tatsachen geschaffen werden. Finanzielle Anreize wie Steuervergünstigungen, Zollfreiheit und höhere Gehälter zeigen Erfolg: Die Einwohnerzahl ist drastisch angewachsen. Ins Auge fällt die starke Präsenz von Soldaten, auch UN-Soldaten. Das Personal an den Checkpoints spricht ausnahmslos sehr gut englisch und begegnet uns freundlich und locker. Trotzdem beschleicht mich ein leises Gefühl der Bedrohung angesichts der geschulterten Gewehre. Ein „Schau doch mal hier und schau doch mal dort", und wieder mal haben wir uns verfahren, sind irgendwie von der Hauptroute abgekommen und im „realen" Laayoune gelandet. Welch ein Unterschied zu den blitzblanken Vorzeigevierteln: Verfallene Häuser, kaputte Straßen und überall Müll. Nur mit Hilfe eines „Petit Taxi" finden wir wieder heraus aus dem Straßengewirr. Übermüdet und gereizt kommen wir wenig später im zehn Kilometer von Laayoune entfernten Strandörtchen Foum el Oued an. Entlang der ansprechenden, gepflegten Promenade mit schönen, rot getünchten Ferienhäusern. „Ach, das ist aber nett hier! In dem Café dort können wir nachher noch Milchkaffee oder Minztee trinken!", schlage ich vor. Dann entdecke ich den Wegweiser zum Campingplatz: „Hier musst Du abbiegen, es kann nicht mehr weit sein!" Jetzt schnell etwas essen, frisch machen und dann raus zum Abendspaziergang. Kara wirkt schon ganz deprimiert, das war ein langweiliger Tag für sie. Schon etwas munterer bei dem Gedanken, endlich angekommen zu sein, halte ich Ausschau nach der Einfahrt. Es ist ernüchternd! Nur eine Häuserreihe hinter der Promenade sind die Wege mit Müll gepflastert. Flaschen, Dosen, Fischreste, der halbverweste Kadaver einer Katze und immer wieder Plastiktüten. Vor der Mauer des Campingplatzes stapeln sich die Abfälle, dahinter bietet sich ein Anblick der Ödnis und des Verfalls. Das Nachbargelände ist offensichtlich die Müllhalde des Städtchens. Soweit das Auge reicht, kleine Berge von mit Abfällen vermischtem Bauschutt. Nach einer kurzen Runde mit dem Hund verkrümeln wir uns schnell im Reisemobil. Die Lust auf Minztee im Café ist uns vergangen. Am nächsten Tag unterhalten wir uns mit dem einzigen weiteren Gast, einem Camper aus Berlin. Vier Wochen steht er schon auf diesem Platz.

Er würde die Ruhe hier genießen, erklärt er uns. Meine Neugier ist geweckt. Ist der Mann wirklich nur abgestumpft? Oder befindet er sich in einer Krise, für deren Bewältigung er einen Ort sucht, der ebenso trostlos ist wie seine Lebenssituation? Doch schon früh am nächsten Morgen ziehen wir weiter. Meine Neugier ist nicht groß genug, um hier länger bleiben zu wollen.

Wir hören, die Campingplätze und freien Stellplätze in Dakhla seien total überfüllt. „Wollen wir uns das wirklich antun? Nochmal 500 km auf dieser schlechten, engen Straße, durch die immer gleiche Landschaft? Und dann denselben Weg wieder zurück?" Spontan entschließen wir uns zur Umkehr. Viel kürzer als die Hinfahrt erscheint uns jetzt die Route. Dünen, Ödnis, Lehmbauten, kahle Hügel, die endlose Straße - alles ist nun schon vertraut. Wie sehr das Fremde auch begeistert, ängstigt oder frustriert, der Mensch gewöhnt sich sehr schnell daran.

Couscous in Tafraoute

Auf schmaler, teils sehr schlechter Straße klettert unser Reisemobil geduldig die Berge des Antiatlas rauf und runter. Marokko ist sehr gebirgig. Schroff und zerklüftet die Rifberge im Norden. Die Gebirgszüge des Atlas verlaufen jeweils von Nordosten nach Südwesten. Der Mittlere Atlas im Norden, in der Mitte der Hohe Atlas und weiter südlich dann der Antiatlas, mit Höhen um die 2.000 Meter und zahlreichen trockenen Flusstälern. Hier lebt das Volk der Chleuh-Berber. Die kurvenreiche Strecke führt uns durch nette Dörfer mit adretten Häusern. Alles wirkt wie frisch gefegt. Am Straßenrand wehen marokkanische Flaggen und grellbunte Fahnen, die Häuser und Mauern sind mit roten Bändern geschmückt. Später erfahren wir, dass der Besuch des Königs, Mohammed VI, angekündigt ist. Eigentlich sollte er schon vor zwei Wochen kommen. Im Licht der untergehenden Sonne erreichen wir Tafraoute. Das Städtchen liegt in einem Talkessel auf 1.000 Meter Höhe, umrahmt von riesigen Granit-felsen und - einem Müllgürtel. Aber dazu später. Jetzt sind wir überwältigt: In der Abendsonne rot schimmernde, schroffe Gebirgszüge. Majestätisch. Bizarre Felsformationen und rundgeschliffene Steine. Schmucke

Häuser, Dattelpalmen, Oliven- und Mandelbäume. Die Bewohner gelten als geschickte Kaufleute. Oft haben sie in ihrer Jugend im Ausland oder im Norden Marokkos Erfahrungen gesammelt und sind wohlhabend geworden. Einige der erfolgreichsten Unternehmer Marokkos stammen aus Tafraoute. Die leuchtend rotbraunen Häuser scheinen das zu bestätigen. Reich verziert mit Ornamenten und mit filigranen, schmiedeeisernen Gittern vor den Fenstern sehen sie sehr stattlich aus. Aufgrund der außerordentlich schönen Landschaft ist die Gegend bei Touristen sehr beliebt. Mehrere Campingplätze gibt es mittlerweile und alle sind „complet". Macht nichts, uns ist es sowieso lieber frei zu stehen. Auf dem großen Gelände vor der Stadt, zwischen Palmen, Büschen und Felsen, suchen wir uns ein idyllisches Plätzchen mit viel Abstand zum nächsten Camper. Die Zufahrtsstraßen in das Städtchen sind, wie so oft in Marokko, repräsentativ und sehr gepflegt. In der Ortsmitte herrscht der übliche quirlige Marktbetrieb. Zwischen den schönen Häusern jedoch – Müll. Inmitten von Bauschutt, Abfall, Plastiktüten und toter Tiere grasen Ziegen, spielen Kinder und sitzen Frauen beim Plausch. In ihre schönen, mit bunten Stickereien versehenen Tücher gewickelt, passen die Damen so gar nicht in diese schmutzige Umgebung.

Im Laufe der Jahre hat unser Reisemobil einige Blessuren davon getragen. „Gehen Sie zu Mohammed in Tafraoute, der macht gute Arbeit zu einem günstigen Preis", wurde uns von mehreren Campern geraten. Kaum in dem Städtchen angekommen, schlendert auch schon ein junger Mann daher. Mit gerunzelter Stirn geht er um unser Fahrzeug herum, deutet mit wiegendem Kopf auf die Schadstellen und empfiehlt eben diesen Mohammed. „He is my uncle, good work!" Am nächsten Morgen schon begutachtet der kleine, freundliche Werkstattbesitzer die Schäden, erstellt eine Zeichnung vom Fahrzeug und macht sich Notizen. Fasziniert schaue ich ihm beim Schreiben zu. Für mich ähneln arabische Schriftzeichen filigranen Mustern oder den Tags von Sprayern. Bedächtig setzt Mohammed ein Zeichen nach dem anderen von rechts nach links auf das Papier. Zum Schluss schreibt er in für uns lesbaren Ziffern einen sehr guten Preis auf das Blatt und schiebt es in Peters Richtung über den Tisch. Drei bis vier Tage würde die Reparatur dauern und das Campen vor dem Haus wäre kein Problem, meint er. Wasser, Strom, Entsorgung – für alles sei gesorgt. Schon morgen könne er beginnen. So verlassen wir gleich wieder unseren romantischen Stellplatz, um uns auf dem breiten Randstreifen vor der Werkstatt zu platzieren. Auf der anderen Straßenseite parkt ein alter, liebevoll zum Wohnmobil ausgebauter Mercedes LKW, mit Sprossenfenstern und Fenstern in Kleeblatt- und Schmetterlingsform. Zwei, drei Arbeiter sind eifrig damit beschäftigt, Roststellen abzuschleifen. Offensichtlich arbeiten sie schon ein paar Tage an dem Fahrzeug, denn es ist mit braunen Feinspachtelflecken übersät. Während des gemeinsamen Wartens machen wir uns mit den sympathischen Besitzern bekannt. Sehr dünn, mit langen, braunen Haaren, etwas schlaksigen Bewegungen und einem reizenden Lächeln - die junge Frau. Er - ebenfalls schlank, dunkelhäutig, mit charaktervoller Nase, wachen Augen, kahlrasiertem Kopf. Hätte er nicht zwei dicke, schwarze Ringe in den Ohren, man könnte ihn für einen Marokkaner halten Es sind Bianca und Fayu aus dem Wendland, beide Ende dreißig und Stelzenaktionskünstler. Darunter können wir uns nichts Konkretes vorstellen und schauen deshalb unter ihrem Künstlernamen www.waldwesen.de im Internet nach. In fantasievollen Kostümen und unter verschiedenen Mottos kann man die Beiden oder die ganze Truppe buchen. Auf Straßenfesten, Festivals oder Workshops zeigen und unterrichten sie ihre Kunst. Jetzt, in der ruhigen Zeit ohne Engagements, überwintert das Paar in Marokko. Bianca hat ihre Nähmaschine hinter einer Mauer auf der Wiese gleich gegenüber der Werkstatt aufgestellt. Aus Tüll, Schaumstoff und Farbe fertigt sie kleine Wunderwerke, die wir gerne einmal als Teil der Waldwesen in Aktion sehen würden. „Sie treten auch in Karlsruhe und Köln auf! Das ist nicht so weit, da fahren wir mal hin!" Peter sitzt am Laptop und schaut jetzt zu mir herüber. Ich stehe gerade am Herd und püriere Suppe mit dem Mixer. „Oh, ja! Das machen wi…. Mist!" schimpfe ich. Nur einen Moment der Unaufmerksamkeit und das Gemüse spritzt in alle Richtungen. Heute Abend haben wir Bianca und Fayu zum Essen eingeladen. Das fordert glücklicherweise mal wieder meine kreativen Kochkünste, denn die Beiden sind Veganer, essen ausschließlich Pflanzliches, also auch keine Eier, Joghurt oder Butter. Zuerst gibt es eine Suppe mit orientalischer Note aus Zwiebeln, Knoblauch, Kartoffeln, Karotten und Linsen. Die Hülsenfrüchte (aus der Dose) gebe ich erst nach dem Pürieren hinzu. Abgeschmeckt wird das Ganze mit Curry, ganz wenig Ingwer, etwas Zimt und - da ich ja keine Sahne verwenden darf - Kokosmilch. Als Hauptgericht serviere ich die immer bewährten Spaghetti mit frischen, gehäuteten und gehackten Tomaten. Letztere werden nur kurz in viel Olivenöl mit Zwiebeln und Knoblauch geschwenkt. Als Nachtisch habe ich die Schale von vier Orangen großzügig abgeschnitten, dann die Orangenfilets mit dem Messer aus den Hauttaschen herausgelöst, um sie anschließend vorsichtig mit Honig und Zimt zu vermischen. Alles schmeckt prima und wir verbringen einen sehr anregenden Abend. Bianca und Fayu vertreten und leben sehr klare Standpunkte, äußern diese aber nicht missionarisch-fanatisch, sondern fachlich-kompetent, oft mit einem Schuss Humor.

Den beweisen Peter und Fayu gleich am nächsten Tag. Lachend kommen sie aus der Werkstatt. Wir beiden Frauen haben es uns unter dem Vordach eines offensichtlich unbewohnten Hauses bei einem Gläschen Tee gemütlich gemacht. Immer noch schmunzelnd erzählt Peter folgende Geschichte: „Ein deutscher Camper kam gerade auf mich zu und fragte, wer denn hier der Werkstattbesitzer sei. Irgendwie ritt mich der Teufel, und ich zeigte wortlos auf Fayu. Worauf der Deutsche diesen von oben bis unten musterte. Wieder an mich gewandt, fragte er weiter: „Und wie ist der so? Macht er gute Preise?" Gerade als ich antworten wollte, spielte Fayu mit: „Könne rede über Alles. Gut Preis. Gut Qualität!" Stoisch ignorierte der Typ den vermeintlichen Werkstattbesitzer: „Hat er das denn überhaupt gelernt?" Fayu: „Haben fünf Jahre in Wolfsburg gearbeitet. Alles gelernt. VW gut." Immer noch weigerte sich der Camper, Fayu wahrzunehmen: „Und wo lackiert er die Fahrzeuge?" Fayu: „Lackieren in Halle." So ging das noch eine ganze Weile. Endlich versuchten wir ihn aufzuklären. Aber er realisierte es einfach nicht, sondern machte weiter: „Wie viele Mitarbeiter hat er denn?" ...

„Jetzt hängen wir hier schon den vierten Tag auf der Straße herum und die haben noch nicht mal mit dem Lackieren begonnen!" Langsam werde ich ungeduldig. Ich bin diese Woche für Kara verantwortlich und es macht überhaupt keinen Spaß mit ihr zwischen den Häusern im Müll spazieren zu gehen. Missmutig schaue ich Kara beim Schnüffeln zu. Auch sie ist unausgeglichen: Zu viele Düfte, zu viele Autos und Menschen. Das bringt ihre Verdauung durcheinander. Hektisch dreht sie sich im Kreis und sucht weiter nach der richtigen Stelle. Mein Blick schweift umher. Eine Handvoll ansehnlicher Häuser steht hier zwischen runden Felsen und Arganienbäumen. Zu ihnen führen Schotterpisten oder Pfade. Baustellen, Baumaterial, Bauschutt, Müll. Vor einem Mehrfamilienhaus wurde Wäsche zum Trocknen über die Äste eines Baumes geworfen. „Pfui, aus!" Kara hat einen kleinen Tierschädel im Maul, lässt ihn jetzt aber sofort fallen. „Braver Hund!" Ich sehne mich nach sauberen Taunuswäldern, denke ich seufzend und schaue nach oben. An einem Fenster steht eine junge Frau. Als sich unsere Blicke begegnen, winkt sie mir freundlich zu. Ich erwidere den Gruß und seufze erneut, diesmal mit einem Lächeln im Gesicht.

Wir nutzen die Wartezeit für Rollerausflüge in die Umgebung. Sonnig aber kühl ist es heute und so krame ich meine Handschuhe und einen dicken Wollschal hervor. Über eine gute Piste erreichen wir „Les Peintures", die bemalten Felsen. Mit zwanzig Tonnen Farbe, nach altägyptischen Rezepturen hergestellt, hat der belgische Maler Jean Vérame sowohl einzelne Felsen, als auch ganze Felsgruppen bemalt. Da das ursprüngliche Blau, Rot, Schwarz und Violett schon weitgehend verblasst war, hat man die Farbe erneuert. Jetzt leuchten die Objekte in den kräftigen Blau- und Grüntönen, die in Marokko häufig für Fenster und Türen verwandt werden. Altägyptische Rezepte wurden bei der Auswahl der Farben sicherlich nicht mehr berücksichtigt. Fremd stechen die bunten Steine aus dem Rotbraun der bizarren Gebirgsformation hervor, gleichzeitig gegensätzlich und sich doch harmonisch einfügend. Das eigentliche Kunstwerk ist für mich das grandiose Panorama. Die farblich akzentuierten Felsen schaffen es aber, die Einmaligkeit der Landschaft bewusst zu machen. Als Fotomotiv eignet sich die skurrile Idee natürlich hervorragend. Seit langem ist unsere Fotoausbeute nicht mehr so groß gewesen wie heute. An einem kleinen Platz des Städtchens entdecken wir ein gemütliches Restaurant, das für wenig Geld ein passables Menü anbietet. Das Essen ist ordentlich und die freundliche Art des Chefs gefällt uns. So werden wir seine Stammgäste. In Marokko darf man keine lukullischen Höhenflüge erwarten. Die in den Garküchen und Restaurants angebotenen Gerichte sind einfach und es sind immer die gleichen. Für Couscous wird in großen Schüsseln Hirse oder Hartweizengries eingeweicht und dann mit viel Gemüse, Fleisch oder Fisch zubereitet. Verarbeitet wird, was gerade da ist, je mehr Gemüsesorten Verwendung finden, desto besser. Dazu wird Brühe gereicht, die man über das Gericht träufelt. Bereits mehrfach erwähnt, die Tajine (sprich: Taschien). Im Prinzip ist sie der marokkanische Römertopf. In die flache, runde Tonschale werden Fleisch, Kartoffeln und Gemüse geschichtet. Die Zutaten, die am längsten brauchen, kommen in die Mitte. Öl und Brühe drüber, würzen. Den kegelförmigen Deckel aufsetzen und etwas Wasser in die Mulde an seiner Spitze füllen. Nun wird das Ganze auf kleiner Stufe – in der Regel auf einer offenen Gasflamme - recht lange gegart. Dieses Gericht ist so dominant in Marokko, dass es einem überall begegnet. Der Ziegenhirte bereitet es sich als Mittagessen auf der Weide zu und in den Restaurants köcheln auf langen Brennerbatterien zehn oder mehr Tajine gleichzeitig. Mechoui, ein traditionelles Festmahl, ist ein in einem halbkugelförmigen Lehmofen gerösteter Hammel. Hat man Pech, bekommt man viel Knochen und Fett ab. Harira wird gern als Vorspeise oder zwischendurch gegessen. Die dicke Suppe besteht variabel aus Linsen, Bohnen, Erbsen, Kichererbsen, Fleisch, Gemüse und Kartoffeln. Überall angeboten werden gegrillte Brochettes, das sind

Fleischspießchen, sowie Kefta, kleine, wohlschmeckende Hackfleischbällchen. Zum Abschluss eines Mahls werden Obst, Tee und sehr leckeres Gebäck gereicht. Der Koran verbietet den Genuss von Schweinefleisch und Alkohol. Deshalb findet man das eine gar nicht im Angebot der Gastronomie und das andere nur in wenigen Hotelbars oder gehobenen Restaurants. Dabei wird auch in Marokko ausgezeichneter Wein angebaut, überwiegend in der Gegend um Meknes herum. Nur selten haben wir betrunkene Marokkaner erlebt. Insgesamt ist es für uns eine neue und angenehme Erfahrung in einem Land zu reisen, in dem Alkohol nicht den bei uns üblichen Stellenwert einnimmt. In den Bars und Cafés wird weder Bier getrunken, noch werden dort Cocktails gemixt. Tee, Milchshakes und Café sind die Standardgetränke. Als Rauschmittel werden Haschisch oder verschiedene Pflanzensamen bevorzugt. Übrigens, abseits der Großstädte sind Kaffee- und Teestuben immer noch reine Männerdomänen.

Plötzlich geht alles ganz schnell und unser Fahrzeug ist fast fertig. Nur die Politur fehlt noch. Insgesamt ist Peter mit der Arbeit recht zufrieden. Zum Abschluss lädt uns der Werkstattbesitzer zum Couscous-Essen ein. Als Veganer lehnen Bianca und Fayu höflich ab, was Mohammed ein wenig konsterniert zur Kenntnis nimmt, kommt doch die Ablehnung einer Einladung in arabischen Ländern einer Beleidigung gleich. Eine gemeinsame Mahlzeit im Freien mit allen Arbeitern erwartend, sind wir etwas verunsichert, als wir ins Wohnhaus gebeten werden. Weder haben wir uns über die hier üblichen, höflichen Verhaltensweisen bei Privateinladungen informiert, noch ein Gastgeschenk besorgt. Eine steile Marmortreppe führt nach oben. Dort heißt uns eine junge, schlanke Hausherrin willkommen. Sie trägt eine moderne Brille und einen aufwändig bestickten, hellgelben Kaftan. Das Kopftuch mit Paillettensaum ist farblich genau darauf abgestimmt. Uns freundlich herbeiwinkend geht sie in das große „Wohnzimmer" voraus, um gleich wieder zu verschwinden, nachdem wir Platz genommen haben. Entlang der Wände sind Sitzpolster gruppiert, in den Ecken davor jeweils ein großer, runder Tisch. Darauf Tischdecken mit filigranen Stickereien und den dazu passenden Stoffservietten. Eine dünne Plastikfolie, die auch bei der Mahlzeit nicht abgenommen wird, schützt diese prachtvolle Dekoration. Auf der Folie: Teller, Bestecke, Gläser und nochmals Servietten. „Nur drei Gedecke, dann isst seine Frau wohl nicht mit", flüstere ich Peter zu. Wir wissen nicht so recht, wo wir unsere langen Beine platzieren sollen, denn Sitzkissen und Tisch sind sehr niedrig. Im nächsten Augenblick kommt die zierliche Frau wieder herein, die große Couscous-Platte geschickt balancierend. Auf dem Getreide sind Hühnchen,

Kürbis, Bohnen und Karotten hübsch arrangiert. Brühe wird separat gereicht. Einen Plastik-Gartenstuhl herbeiziehend, setzt sich die Hausherrin zu uns und beginnt, mit den Fingern Kugeln aus Gemüse und Couscous zu formen, die sie dann geschickt in den Mund befördert. Als ich es ihr nachtun will, unterbricht mich Mohammed lachend: „No, no", und deutet auf den Löffel, der vor mir liegt. Mit einem bedauernden Achselzucken meint er, seine Gattin sei nicht vom Gebrauch des Besteckes zu überzeugen. Die junge Frau spricht englisch, und so erfahren wir, dass sie in Tafraoute geboren, aber in Casablanca aufgewachsen ist. Nach dem Studium der Dentaltechnik arbeitete sie zehn Jahre in diesem Beruf. Mit der Heirat vor drei Jahren kündigte sie ihren Job und nun, endlich, vor vier Monaten, wurde die kleine Tochter geboren. Als hätte der Säugling nur auf das Stichwort gewartet, hören wir plötzlich sein Weinen aus einem der Nebenräume. Schnell springt die junge Frau auf und kommt kurz darauf mit dem Mädchen auf dem Arm zurück. „She looks like Mohammed", meint Peter, was auch tatsächlich stimmt. Die Frau nickt eifrig und schaut lächelnd zu ihrem Mann. Der streckt die Arme nach dem Baby aus und lacht. Stolz und Glück leuchten aus seinen Augen.

Mit einem zarten Flattern

Kleinmarrakesch wird Taroudannt genannt und tatsächlich erinnern die schöne Stadtmauer und der lebhafte Platz mit Künstlern und Märchenerzählern ein wenig an die große Schwester. Teetrinkend sitzen wir in einem Café und schauen dem Treiben zu. Fasziniert beobachte ich, wie marokkanische Männer miteinander umgehen. Sehr freundschaftlich und sanft wirkt die Kommunikation. Häufiges Lächeln, angeregtes Zuhören, ständiges Berühren des Gegenübers im Gespräch. Kameradschaftlich den Arm um die Schulter des Anderen gelegt, ja sogar händchenhaltend oder die kleinen Finger in einander verhakt, schlendern sie über die Promenade. Zur Begrüßung vier Küsschen, zwei auf jede Wange. Oder ein leichter, kaum spürbarer Händedruck, mit anschließender Bewegung der rechten Hand zum Herzen. Oder sie werfen sich mit einem zarten Flattern der Fingerspitzen einen Handkuss zu. Das alles ist für uns sehr exotisch, sind wir doch bestenfalls an burschikose und kumpelhafte Umgangsformen zwischen Männern gewöhnt. Unser nächstes Ziel ist ein Biohof in der Nähe von Taroudannt, auf dem wir ein paar entspannte Tage verbringen wollen. Hier hat Heidemarie, eine Deutsche, nach ihrer Pensionierung vor sechs Jahren, eine heruntergekommene Orangenplantage gekauft und restauriert. Zwar hat sie ihr halbes Leben in Frankreich verbracht, aber Marokko kannte sie vor ihrer Entscheidung kaum. Auch landwirtschaftliche Fragen waren ihr bis dahin fremd. Immer wieder sind wir fasziniert vom Mut, mit dem einige Menschen ihre Träume verwirklichen. Wir genießen es, mit Heidemarie in deutscher Sprache zu plaudern, auch wenn die Verständigung mit den sprachbegabten Marokkanern bisher überraschend gut geklappt hat. Ein paar Brocken Deutsch oder Englisch sprechen sie immer. Unser arabisches Vokabular geht kaum über „Guten Tag" und „Danke" hinaus. Dabei machen wir die Erfahrung, dass eine Sprache, die man überhaupt nicht versteht, sehr direkt auf einen wirkt. Nimmt man nur ihren Klang wahr und ist auf das Deuten von Gestik und Mimik angewiesen, ist die Wahrnehmung sehr intensiv.

Auf einer Wiese inmitten der Äcker haben wir uns mit dem Wohnmobil eingerichtet. Ganz allein stehen wir hier. Nur hin und wieder fährt ein Arbeiter auf dem Fahrrad vorbei. Entspannung, lange Spaziergänge zwischen Auberginenfeldern und Orangenbäumen, sich erden. Das ist es, was wir jetzt brauchen nach der Fülle an neuen Erfahrungen. Damit einem ein fremdes Land unter die Haut gehen kann, bedarf es Zeiten des Rückzugs. Die vertraute Atmosphäre in einem Reisemobil ist dafür ideal. Mit dem Schließen der Fahrzeugtür schließen wir auch das laute Treiben aus. Dann umfängt uns eine Stille, in der wir die gewonnenen Eindrücke sortieren und die mit unseren Augen und Kameras aufgenommen Bilder auch in unserem Innern abspeichern können. Durch unser "Schneckenhaus" vermeiden wir Überforderung und damit mögliche Aggressionen und deren Projektion auf Land und Leute. Man muss beim Reisen in sich hinein horchen, den eigenen Ehrgeiz hinter sich lassen. Versuchen zu erkennen, was man wirklich will und wo die eigenen Grenzen liegen. Im Grunde ist es gar nicht so wichtig, wie weit und wohin man fährt. Besser mit regem Geist und offenem Herzen das Kleinwalsertal erwandern, als hechelnd und angespannt durch die Welt jetten.

Erschreckt fahre ich zusammen. Ein langer, katzenähnlicher Schrei in der Dunkelheit. Auch Kara bleibt stehen und hebt horchend den Kopf. Wir sind zur spätabendlichen Pippirunde unterwegs. Seit dem Überfall, damals auf Sardinien, bin ich doch etwas ängstlicher geworden. „Ich glaube, ich gebe den Job an Peter ab!" murmele ich. Und mit zittriger Stimme: „Komm, Kara, schön bei Frauchen bleiben." Ich spüre, wie etwas an mir vorbei fliegt. Lautlos. Mit der Taschenlampe suche ich den Himmel ab. Da ist er wieder, der gleiche, unheimliche Laut. Plötzlich knackt es über mir in den Ästen der großen Akazie. Und dann entdecke ich sie: Im Lichtkegel der Taschenlampe schaut eine leuchtend weiße Schleiereule zu mir herunter. Deutlich kann ich ihre dunkel umrandeten Augen und den Schnabel erkennen. „Ich werde den Job doch nicht abgeben. Wäre doch zu schade, wenn mir diese Dinge entgehen würden. Nicht wahr, Kara?"

Heidemarie bietet neben Biogemüse, Argan- und Olivenöl auch ein Verwöhnprogramm an. Wir sind nun nahezu drei Monate unterwegs und tragen fast ausschließlich Crocs oder Latschen. Das hinterlässt Spuren. Trocken, rissig und spröde ist unsere Haut geworden und vor allem unsere Füße ähneln denen einer Schildkröte. Ich nehme das Rundumpaket: Pediküre, Maniküre, Gesichtsbehandlung, Ganzkörpermassage. Zum vereinbarten Termin, pünktlich um 14.00 Uhr, finde ich mich in der Rezeption ein. Kein Mensch ist zu sehen. „Chefin in Jardin!" ruft mir Karim, der Vorarbeiter der Farm, zu. Ich schlendere zum parkähnlichen Garten. Palmen, Arganbäume, Oleander, Bougainville und andere Pflanzen. Üppig, prachtvoll. Gestern haben wir die Badesaison in dem großen Pool eröffnet. Allerdings nur für eine Minute, länger hielten wir es in dem eisigen Wasser nicht aus. Ein hochgewachsenes Mädchen mit einem hübschen, ebenmäßigen Gesicht wischt gerade Tische und Stühle ab. „Pardon, mademoiselle, où est Madame Heidemarie, si-vous-plait?" „Là!" antwortet die Schöne und zeigt in Richtung des kleinen, reizenden Innengartens. Tatsächlich, hier sitzt Heidemarie beim Tee. „Die Kosmetikerin verspätet sich ein bisschen, möchten Sie auch eine Tasse?", ruft sie mir zu. Ich übe mich in orientalischer Gelassenheit und trinke Tee. Etwa eine Stunde später begrüßt mich eine rundliche, kleine Person und macht sich sofort an die Arbeit. Mit ihren blond gefärbten Haaren, den hautengen Leggins, der langen, schwarzen Bluse und den hohen Stiefeln sieht sie eher wie eine Sizilianerin aus. Grob behandelt sie meine Füße und Hände, schneidet und hobelt mir ins Fleisch, bis es blutet. Zur Desinfektion träufelt sie Nagellackentferner in die Wunde! Ich beiße die Zähne zusammen. Zimperlich will ich nicht sein. Gerade, als ich überlege, ob ich die Prozedur nicht besser abbreche, klatscht sie in die Hände und deutet auf eine Liege. Minuten später bin ich froh, geblieben zu sein, denn die Massage ist eine Wonne. Bevor es weitergeht, decken wir uns auf dem Biohof mit Öl ein. Das Olivenöl bezieht Heidemarie von einem Freund nahe der algerischen Grenze. Auch das Arganöl wird nicht auf ihrem Hof hergestellt, sondern von einem Bekannten im Nachbardorf.

Ganz gemächlich setzen wir unsere Reise fort, entlang des Soustals, das, landschaftlich intensiv genutzt, im frischen Grün des gesäten Getreides leuchtet. Links begleiten uns die schneebedeckten Berge des Hohen Atlas, rechts die kahlen Hügel des Antiatlas. Weiß und gelb blüht es am Straßenrand und in den Feldern setzen Arganbäume Akzente. Inmitten der Blütenpracht sitzt ein Mann auf einem Stein, den Rücken gegen ein Straßenschild gelehnt. Als wir ihn fast erreicht haben, springt er heftig winkend auf die Straße. Erschrocken tritt Peter auf die Bremse. In recht gutem Englisch bittet uns der schon etwas ältere, müde aussehende Herr, ihn bis zum nächsten Dorf mitzunehmen. Das liegt etwa 20 km entfernt, hoch oben auf einem Bergkamm. Auf der Fahrt klagt er uns sein Leid. Er sei Traktorfahrer und müsse sieben Tage die Woche arbeiten, sogar während des Ramadan. Fünfzig Dirham verdiene er am Tag, allein das Schulgeld und die Bücher für seine vier Kinder würden das meiste davon verschlingen. Aber er wolle sich nicht beschweren. Der junge König sei gut, nur die Regierung korrupt. Nach diesen Erzählungen erwarten wir, dass der Anhalter uns schließlich um Geld oder zumindest um ein paar Zigaretten bitten wird. Aber nichts dergleichen geschieht. Mit einem freundlichen Dankeschön springt er am Zielort aus dem Fahrzeug und ist gleich darauf in einer Gasse verschwunden. Mit jedem Kilometer wird die Gegend jetzt karger. Mondlandschaft. Kahle, zerklüftete Berge, niederes, trockenes Buschwerk. Die Erosion hat Treppen ins Gestein geschlagen, die wie grobe, schlecht verheilte Narben wirken. Große Schaf- und Ziegenherden ziehen an uns vorbei. Hin und wieder kleine gepflügte Flächen im steinigen Boden. Hier ein Brunnen, dort ein verfallenes Haus. Vor einem Café sitzt ein Mann in blutroter Djellaba, die Kapuze tief ins Gesicht gezogen. Regungslos. Vielleicht ist er eingenickt. Mitten in der Einöde, immer wieder winkende Kinder. Der Himmel weiß, woher sie kommen, denn weit und breit ist keine Behausung zu sehen. In der Nähe einer Bergarbeitersiedlung, hier werden Kupfer, Nickel und Kobalt abgebaut, lacht uns ein kleiner Knirps fröhlich zu und fuchtelt wild mit den Ärmchen. Ganz unsicher ist er noch auf seinen kurzen, stämmigen Beinchen. Es kann noch nicht lange her sein, dass er seine ersten Schritte gemacht hat. Je freudiger er winkt, umso mehr gerät er ins Wanken. Endlich eilt seine Mutter herbei und nimmt ihn auf den Arm. In Taliouine, der Safranstadt, kaufen wir ein paar Gramm des edlen, teuren Gewürzes, das aus einer besonderen Krokusart gewonnen wird. Gleich am Abend probiere ich die im Laden empfohlene Rezeptur für ein Safranomelette aus. Zunächst werden die Safranfäden in etwas Milch gegeben. Nachdem man die Eier mit einer Prise Salz schaumig geschlagen hat, fügt man die Safranmilch hinzu und brät die Masse in heißer Butter aus. Das Omelette schmeckt vorzüglich, aber dazu hätte es nicht des Safrans bedurft. Wir können den Ruf, den dieses Gewürz unter Feinschmeckern geniest, nicht so ganz nachvollziehen.

Allmählich verwandelt sich die Landschaft wieder. Ein grüner Flaum scheint über den sanften Hügeln zu liegen. Beim Näherkommen erkennen wir, das nur das Gestein grün schimmert. „Ach", gähnt Peter, „bin ich müde. Ich brauche dringend einen Kaffee!" Bei nächster Gelegenheit halten wir auf einem Feldweg an. Während ich Kaffee koche und einen kleinen Imbiss vorbereite, macht Peter mit Kara eine Pippi-Runde. Es dauert nur wenige Minuten bis unser Reisemobil von Jungen und Mädchen umringt ist. Sie betteln nach Stylos (Kugelschreiber) und Bonbons. Da unsere diesbezüglichen Vorräte aufgebraucht sind, schüttle ich bedauernd den Kopf. Ungewöhnlich schnell geben die Kinder auf und laufen hüpfend davon. Doch schon kurze Zeit später sind sie wieder da. „Kann man denn nicht mal in Ruhe einen Kaffee trinken!" Ärgerlich stelle ich meine Tasse auf den Tisch. Jetzt klopft es sogar am Fenster. Ein etwa zehnjähriges Mädchen mit einem dicken, langen Zopf steht davor und hält einen süßen Welpen zu uns hoch. Er kann erst wenige Tage alt sein. Als wir immer noch nicht reagieren, lässt es das Tier possierlich hin und her baumeln und schlägt neckisch mit den winzigen Hundepfoten, ganz so, als wäre es ein Stofftier. Lachend gebe ich mich geschlagen: „Sie wissen doch immer, wie sie einen rumkriegen. Ich glaube, ich habe noch von den gebrannten Mandeln." „Nein, einen jungen Hund wollen wir nicht, aber das hier ist für Euch. Für Alle!" Ich reiche dem Mädchen die Tüte. Blitzschnell klemmt es den Hund unter den Arm, greift sich die Süßigkeiten und läuft davon. Laut protestierend folgen ihr die Anderen. Am Straßenrand lassen sie sich nieder und diskutieren heftig miteinander. „Da kann man doch mal sehen, wie man sich täuschen kann. Ich habe bewusst dem Mädchen die Mandeln gegeben, in dem Glauben, ein Mädchen wäre fair und fürsorglich und würde sie gerecht verteilen." Enttäuscht beobachte ich die zankenden Kinder. Schließlich verteilt die junge Göre doch noch ihre Beute. Mit gnädiger Miene schüttet sie kleine Häufchen in die ausgestreckten Hände ihrer Freunde und meine Welt ist wieder in Ordnung.

Wir nähern uns Agdz. Das Städtchen liegt am Fuße eines dunklen Gebirgskammes, aus dem vorwitzig eine Kuppe herausragt, die wie der spitze Deckel einer Tajine aussieht. In der Ortsmitte das übliche, geschäftige Treiben. Inmitten eines Palmenhaines gibt es einen Campingplatz. Das Gelände und die alte Kasbah gehören einer Familie, deren Großvater der letzte Caid der Region, also eine Art Regierungsbeamter oder Landesfürst war. Große Teile der circa 250 Jahre alten Festung sind verfallen, aber die noch bewohnten Trakte wurden im Laufe vieler Jahre restauriert. Geholfen hat hierbei auch eine deutsche Organisation, die damit Studenten Gelegenheit gibt, die traditionelle Lehmbauweise zu studieren und in die Praxis umzusetzen. Gaelle, die französische Gattin eines der Söhne, spricht Deutsch und macht mit uns eine kompetente Führung. Mit ihrem burschikosen Kurzhaarschnitt, in Jeans und wattierter Weste, will sie so gar nicht zur Umgebung passen. Um den Hals hat sie einen dicken Wollschal geschlungen, denn sie ist stark erkältet. Von ständigem Schniefen und Husten unterbrochen, erzählt sie Interessantes über den Palmenhain und die Kasbah. Zum Beispiel, dass der Fluss Draa wegen des Staudamms in Ouarzazate hier nur noch wenig Wasser führt. Trotzdem ist die Versorgung aufgrund des ausreichend vorhandenen Grundwassers kein Problem. Die Wasserpumpe, von einem alten, stinkenden Traktormotor angetrieben, ist gerade in Betrieb. Schon von weitem können wir ihren monotonen Takt hören. In einem dicken, pulsierenden Strahl pumpt sie das Wasser aus einem Brunnen in den Hauptkanal, von dem weitere Bewässerungsgräben abgehen. Landwirtschaft wird auf drei Ebenen betrieben. Unter den Dattelpalmen wachsen Oliven- und Obstbäume, die wiederum Schattenspender sind für Gemüse, Getreide, Henna und Klee. Erst nach mehreren Jahren tragen Dattelpalmen Früchte. Da ihre männlichen und weiblichen Blütenstände auf verschiedene Bäume verteilt sind, hilft man der Natur nach und bestäubt die Blüten im Frühjahr von Hand. Hierfür werden die männlichen Blütenstände herausgeschnitten und auf die weiblichen aufgesteckt. Eine Arbeit, die in 15-20 Meter Höhe erfolgt! Alles von der Palme findet Verwendung: Das Stammholz zum Häuserbau, die Fasern für Matten und Körbe, die Wedel als Windschutz und zur Dünenbefestigung. Vor dem großen Eingangstor der Kasbah warten einige Männer, die dem Schwiegervater der jungen Frau ihre Aufwartung machen wollen. Der sei erst gestern von einer Operation aus dem im 500 km entfernten Krankenhaus in Casablanca zurückgekommen, erklärt uns Gaelle. Durch dunkle Gänge und über steile Stiegen führt sie uns durch den imposanten Lehmbau. Kühl ist es hier. „Kein Wunder, dass sie erkältet ist", flüstere ich Peter zu und ziehe fröstelnd die Schultern hoch. Die Burganlage ist weitläufig. Immer wenn es erforderlich war, wurden Teile angebaut. Es gab separate Trakte für die Großfamilie, für Gäste, die Bediensteten und für die Tiere. Dabei lebten Männer und Frauen natürlich in getrennten Räumen. Fremde betraten niemals den Bereich der Familie. Deshalb ist dieser auch eher schlicht. Wohlstand wurde nicht in der Wohnung, sondern bei Kleidung und Schmuck zur Schau gestellt. Die Frauen der Familie teilten sich die anfallenden Hausarbeiten in einem wöchentlich rotierenden System. Am Ende der Tätigkeitskette stand eine Woche Müßiggang. Eine bestechende Idee: So musste jede Frau jede Arbeit einmal machen und erlernte dabei die nötigen Fertigkeiten. Im Innenhof begegnet uns eine gepflegte, ältere Dame im traditionellen Haik, einem weiten Umhang, den Frauen um Körper und Kopf schlingen. Im Vorübergehen stellt Gaelle sie uns als ihre Schwiegermutter vor. Diese verzögert nur kurz ihren Schritt, ein leichtes Heben ihrer sorgfältig gezupften Augenbrauen, kein Lächeln, kein Gruß, und schon ist sie wieder im Haus verschwunden.

Fahrt durch das bezaubernde Draatal. Palmenhain reiht sich an Palmenhain, Kasbah an Kasbah und Lehmdorf an Lehmdorf. Fantastische Ausblicke auf das Flussbett und die angrenzenden Berge. Am Straßenrand immer wieder Händler, die heftig mit Dattelpäckchen winken. Manche laufen sogar eine ganze Weile neben dem Fahrzeug her und machen dabei allerlei Faxen. Armut und Konkurrenz sind groß, und so lässt sich jeder etwas einfallen, um potentielle Kunden zum Anhalten zu motivieren. Der eine drapiert seine Schachteln pyramidenähnlich, der andere verkauft die süßen Früchte in entzückenden kleinen, aus frischen Gräsern geflochtenen Körbchen. Hier baumeln Blumengirlanden, dort Palmwedel. Der eine lacht uns fröhlich entgegen, der andere macht witzige Grimassen. Wir geben uns redlich Mühe, die Menschen hier zu unterstützen. Essen Datteln, trinken an jeder Ecke einen Orangensaft, knabbern Mandeln und schlürfen Tee - aber irgendwann ist auch unsere Kapazität erschöpft. „Pass auf, da vorne laufen wieder viele Schüler auf der Straße herum." Mit gerunzelter Stirn schickt Peter einen vorwurfsvollen Seitenblick in meine Richtung. Er mag es nicht, wenn ich ihm beim Fahren Anweisungen gebe. In kleinen, meist nach Geschlecht getrennten Grüppchen, sind die Jugendlichen auf dem Heimweg. Die Mädchen tragen weiße Blusen oder Kittel und schlendern Arm in Arm die Straße entlang. Die Jungen, für sie gibt es wohl keine spezielle Schulkleidung, albern mit ihren Freunden herum, dabei regelmäßig ausspuckend oder provokant rülpsend. Das scheinen wohl grenzüberschreitende Pubertätsrituale zu sein.

Bei einer Schweizerin, die in Tamegroute eine Auberge betreibt, machen regelmäßig sozial engagierte Jugendgruppen aus Deutschland oder Frankreich Station. Dann bringen sie gebrauchte Fahrräder und Laptops für die hiesigen Kinder mit, um deren

Chancen auf Bildung zu verbessern. Aufgrund der weiten Entfernungen ermöglicht der Besitz eines Fahrrades oft überhaupt erst den Schulbesuch. Mit glänzenden Augen erzählt uns die sympathische Frau von der letzten Schülergruppe aus Paris. „Die bauten ein so freundschaftliches Verhältnis zu den Kindern aus Tamegroute auf, dass die marokkanischen Mädchen am letzten gemeinsamen Abend feierlich ihre Kopftücher ablegten mit der Begründung, die neuen Freunde seien ihnen jetzt so vertraut wie Familienmitglieder. Schön, nicht wahr?", lächelt sie glücklich.

Ab Tamegroute verläuft die Straße nur noch einspurig und macht ständiges Ausweichen auf die holprige Piste erforderlich. Karge Tafelberge, auf denen spitze Felsen wie Festungen thronen. Immer spärlicher wird der Bewuchs. Schirmakazien, niederes Buschwerk. Später nicht mal mehr das. Steine, Steine, Steine. Das Einzige, was den Blick fängt, sind aus hellen Steinen gebildete, riesige arabische Schriftzüge, die zum Preise Allahs sporadisch an den Berghängen kleben. Hin und wieder taucht eine Palmenoase am Horizont auf. Über weite Strecken begleiten uns die vertrockneten, gelben Stängel nicht angewachsener Jungpalmen. Mitten in der Ödnis ein Dorf. Am Ortsanfang ein Platz, auf dem ein „Mini-Riesenrad" und ein ebenso winziger Autoskooter aufgebaut sind. Verloren und skurril wirkt die bunte Vergnügungstechnik in dieser Umgebung.

Fata Morgana

In M´Hamid endet die Straße. Eben noch belebte Dorfstraße mit den üblichen Händlern, Cafés und Geschäften, wenig später, übergangslos - Wüste. Militärpräsenz wegen der Nähe Algeriens. Von Campern wurden wir vor allzu lästigen Guides gewarnt, die aufdringlich und penetrant Kameltouren verkaufen wollen. Entweder sind momentan alle Führer ausgeflogen oder es kursieren wieder mal aufgebauschte Horrorgeschichten. Wir lassen die eigentümliche Atmosphäre des Städtchens am Rande des Nirgendwo auf uns wirken und fahren dann wenige Kilometer zurück nach Oulad Driss. Das nette Örtchen liegt inmitten von Sanddünen und verfügt über drei Campingplätze, von denen uns aber keiner so richtig begeistern kann. „Hier ist ein hübsches Café, lass uns erst mal einen Tee trinken und beratschlagen", meint Peter. „Fata Morgana" heißt es. „Sieh mal den schönen Garten!" An einem der kleinen Tische lassen wir uns nieder. „Herzlich willkommen! Sie sind aus Deutschland?", begrüßt uns eine zierliche, ältere Dame. Sie trägt weite Pluderhosen, darüber einen bunten Kaftan und sehr schönen, großen Berberschmuck. Es ist Isolde aus München. Vor sechs Jahren hat sie dieses Haus bauen lassen und lebt seitdem für mindestens sechs Monate im Jahr hier. Am Nebentisch sitzen drei weitere Frauen, ebenfalls Deutsche. Alle empfehlen einstimmig das gepflegte Berbercamp „Mille et une nuit", auf dem sicher auch unser Reisemobil Platz fände. Der Tipp ist gut, und so verbringen wir ruhige Tage unter Palmen, machen kleine Spaziergänge in der Wüste. Kara rast ausgelassen die Dünen rauf und runter, buddelt im Sand, schnuppert neugierig an den Dromedaren auf dem Gelände und jagt Tauben. Sie ist glücklich und wir auch. Sanddünen so weit das Auge reicht. Im warmen Licht der untergehenden Sonne leuchten sie safrangelb und heben sich deutlich vom blauen Himmel ab. Sanfte Rundungen, scharf umrissene Kanten, vielfältige Strukturen und Muster. Einmal gehe ich schon vor Sonnenaufgang mit Kara spazieren. Das ist neu für sie und so läuft sie trippelnd wie ein Zirkuspferdchen neben mir her und schaut immer wieder erwartungsvoll zu mir hoch. Neugier und Spannung sind ihr anzumerken. Der Mond zeichnet sich noch als schmale Sichel am Horizont ab. Noch vermag er im Morgengrauen zu leuchten. Nur wenig später wird er sich im gleißenden Sonnenlicht auflösen. Der Hund kann mit derlei Betrachtungen überhaupt nichts anfangen, mit der vor ihm herlaufenden Katze umso mehr. Am Ende rettet diese sich mit einem Sprung auf die Mauer. Dort liegt sie nun provokant gelassen und schaut

Kara starr in die Augen, bis diese vor Wut schäumt. Zwei Teppichläden gibt es in Oulad Driss. Klein und unscheinbar von außen, öffnen sich innen weite Räume, angefüllt mit Teppichen, nichts als Teppichen. In allen Größen und Qualitäten und für jeden Zweck. Hochzeits-, Gebets-, Reise- und Babyteppiche. Sehr modern Anmutende mit abstrakten Figuren. „Picasso-Design!" klärt uns der Händler auf. Derbe und filigrane. Leuchtend rote und solche in dezenten Farben. Geknüpfte, gewebte, gestickte und andere, die alle drei Macharten vereinen. Marokkanische Frauen weben absichtlich kleine Fehler in die aufwändigen Muster ihrer kostbaren Teppiche, weil Perfektion nur allein Gott zustehe, meinen sie. Ist das der Schlüssel um Marokko zu verstehen? Ich kann mich gar nicht satt sehen an der farbenprächtigen Vielfalt. Eingehend lassen wir uns beraten. Schließlich ziehen wir drei Stücke in die nähere Auswahl und sprechen über den Preis. In den vergangenen Wochen hatten wir beim Kauf von Babuschen, Sandalen oder kleinen Schmuckstücken Gelegenheit, das Handeln zu üben und haben natürlich auch Lehrgeld gezahlt. Nun sind wir schon viel sicherer und vor allem mutiger. Mit dem Verkäufer im ersten Geschäft werden wir uns nicht einig. „Das müssen Sie schon fürs Anschauen zahlen", meint er augenzwinkernd, als er unsere äußerste Preisvorstellung hört. Also ziehen wir davon, bereichert um das

Wissen über das Preisgefüge für Teppiche dieser Art. Das können wir jetzt beim zweiten Händler entsprechend einsetzen. Lächelnd begrüßt uns der sehr gepflegte junge Mann. Hübsch sieht er aus in seiner leuchtend-blauen Djellaba und mit seinen, von langen Wimpern beschatteten, sanften Augen. Schnell finden wir auch bei ihm einen gelben, seidigen Läufer, einen Kelim, der gut in unsere Diele passen würde. Mit einem charmanten Lächeln macht uns der Verkäufer ein Anfangsangebot, das deutlich höher ist, als das im anderen Laden. Selbstbewusst kontern wir mit einem unverschämt niedrigen Preis. Der junge Mann grinst: „Du schlimmer als Berber!" Wir gehen mit unserem Gebot ein wenig nach oben, er mit seinem behutsam nach unten. Drei bis vier Mal geht das so weiter. Schließlich werden wir uns in etwa bei dem Betrag einig, den wir schon im ersten Geschäft als letztes Angebot nannten. Während das gute Stück eingepackt wird, bekommen wir ein Gläschen Tee gereicht. Beim Zahlen stellen wir erschrocken fest, dass wir das falsche Portemonnaie, also nicht genügend Geld dabei haben. „Macht nix!" beruhigt uns der junge Mann. „Zahlen später!" Als wir den Laden, natürlich ohne die Ware, verlassen wollen, drückt er Peter das Teppichpaket unter den Arm. „Du nehmen mit, zahlen morgen. Ich vertrauen." Er weiß wohl: Die Gefahr, dass der Käufer nicht mehr wieder kommt, weil er am Abend seinen

Beinahe-Kauf noch einmal überdenkt, ist größer, als dass dieser ohne zu bezahlen mit der Ware verschwindet.

Trommelklänge durchdringen am Abend die Stille der Wüste. Im Café bei Isolde trifft sich die Dorfjugend fast täglich für ein bis zwei Stunden zum Musizieren. Wer gerade da ist und Lust hat, macht mit. Heute ist auch unser charmanter Teppichhändler dabei. Zwei Stunden lang erklingen afrikanische Rhythmen aus dem beschaulichen Garten. Isolde tanzt dazu, geschmeidig wie ein junges Mädchen. Andere Frauen schließen sich an. Sogar ein marokkanisches Mädchen bewegt sich selbstvergessen im Takt. Es trägt Jeans und die schwarze Lockenpracht offen, ohne Kopftuch. „Sie kommt aus der Großstadt und besucht hier Verwandte. Aus Oulad Driss wagen sich leider keine Frauen hierher", bedauert Isolde und meint weiter: „Die Geschlechterrollen werden im Dorf immer noch sehr traditionell gelebt." Wie in ganz Marokko ist auch hier die weibliche Bevölkerung im realen Alltag überwiegend auf das Haus beschränkt. Das ist unverändert so, trotz der Gesetzesreform von 2004, die die Marokkanerinnen zu den freiesten Frauen der arabischen Welt macht. Ihre Gleichberechtigung ist nun in nahezu allen Bereichen festgeschrieben. Zwar ist es den Männern theoretisch immer noch erlaubt, mehrere Frauen zu heiraten, offiziell aber nur noch mit Zustimmung der ersten Ehefrau und des Richters. Bei den Berbern war die Stellung der Frau schon immer eine freiere. So hat dieser Volksstamm stets die Polygamie abgelehnt. Übrigens, obwohl rund 50% der Bevölkerung Berber sind, ist Marokko rechts- und sprachpolitisch eindeutig arabisch definiert.

Am nächsten Nachmittag ist die Wüsten-Idylle zu Ende, denn es kommt Wind auf. Innerhalb kurzer Zeit verdunkelt sich die Sonne. Trübe und düster wirkt nun die Szenerie. Auf unsere Atemwege legt sich feiner Sandstaub, lässt uns niesen, husten und schniefen. Trotz sorgfältig verschlossener Fenster und der Eingangstür nehmen die Möbel und andere Gegenstände in unserem Reisemobil allmählich die blassgelbe Farbe des Wüstensands an. Wie wir von Einheimischen erfahren, hält diese Wetterlage gewöhnlich mehrere Tage an. Nichts wie weg hier! Erneut bezaubert uns die Rückfahrt durch das Draatal. Auf einem idyllischen, liebevoll unter Palmen angelegten Campingplatz in Zagora treffen wir unsere Freundinnen Heide und Lydia. Nach all den vielen Eindrücken tut es gut, vertraute Gesichter zu sehen und wir genießen entspannte Tage beim gemeinsamen Kochen, Teetrinken, Bummeln und Reden.

Merzuga ist wohl der bekannteste Wüstenfleck Marokkos. Die berühmten gelb-roten Dünen des Erg Chebbi. Ein Teppichhändler klärt uns über die drei verschiedenen Wüstenarten auf: Erg = Sanddünen, Reg = Kies bzw. Geröll, Hammada = Steine. Auf dem Weg zum Campingplatz stehen winkende Kinder am Straßenrand und halten ein Wüstenfuchsbaby hoch. Mit seinen spitzen Ohren und großen Augen sieht das Tierchen possierlich aus. Wahrscheinlich wollen sie sich mit Touristenfotos ein paar Dirham verdienen. Oder wollen sie das Tier vielleicht an uns verkaufen? Leider viel zu früh wurde es von seiner Mutter getrennt und wird wohl nicht überleben. Den Wildgeruch witternd ist Kara nicht zu bändigen. Wie eine Furie gebärdet sie sich hinter der Fahrzeugscheibe, bellt, knurrt, zieht die Lefzen hoch. Erschrocken laufen die Kinder davon. Ich habe die Wüste um M´Hamid „Wüste der Frauen" und die um Merzuga „Wüste der Männer" genannt. Trifft man hier sehr viele allein reisende Frauen, rasen dort Gruppen taffer Männer mit Motorrädern oder Quads die Straßen entlang und die Dünen rauf und runter. Die einen suchen Erkenntnis und Selbstverwirklichung, die anderen Abenteuer und Selbstbestätigung. Auch auf uns übt die Wüste eine Faszination aus, die wir nicht so recht erklären können. Sind es diese klaren, harmonischen Konturen? Minimalismus? Ruhe? Einsamkeit? Eindeutigkeit? Ich wandere über eine Düne und über die nächste und über die nächste. Etwas zieht mich hinein in diese Stille. Gedanken und Sorgen scheinen in der trockenen Luft zu verdunsten. Ganz leicht fühle ich mich. Dort hinten am Dünenkamm bewegt sich aus der wabernden Luft ein Dromedar auf mich zu. Ganz langsam. Oder ist es eine Fata Morgana? Nein, eben hat es den Kopf gedreht. Oder doch nicht? Eigentlich ist es nicht wichtig, ob das Dromedar tatsächlich existiert. Glücklich beobachte ich, wie es gemächlich heran trabt. Da ist er wieder, dieser plötzliche, kurze Glücksmoment. Mit seiner Wahrnehmung zieht er auch schon wieder davon. Mit jedem meiner Schritte hinein in die Wüste wächst Faszination, gleichzeitig aber auch Unbehagen. Kara scheint es ebenso zu gehen. Die Sache ist ihr nicht geheuer. Läuft sie üblicherweise immer weit voraus, folgt sie mir jetzt nur zögernd. Schließlich bleibt sie sogar zurück und schaut mir irritiert nach. Als ob sie mich warnen wolle: „Geh´ nicht weiter. Lass uns umkehren!" Man sagt, die Wüste hinterließe Spuren in der Seele und keiner käme aus ihr als derselbe zurück. Meine Empfindungen sind widersprüchlich und ich gestehe: Ich bin kein Wüstentyp. Es ist mir einfach viel zu heiß. Ich denke, im Normalfall bin ich ein recht ausgeglichener Reisebegleiter. Hitze aber zermürbt mich, macht mich grantig. Mir ist, als ob sie alle Kraft aus mir herausöge. Erneut kommt kräftiger Wind auf. Feinster Sand wird in die

Atmosphäre verstäubt, verdunkelt die Sonne und verursacht heftige, heuschnupfenähnliche Reaktionen meines Körpers. Schaut da nicht der Wüstengeist Dschinn mit einem schadenfrohen Grinsen über die Düne? Mit ambivalentem Bedauern ziehen wir weiter, begleitet von einem unwirklichen Licht, in das der Sandstaub die Strahlen der Sonne verwandelt hat. Felsen, Schirmakazien und gelbe, vertrocknete Büsche lösen sich gespenstisch aus dem Dunst, scheinen zu schweben. Am Horizont taucht wie eine Fata Morgana eine kleine Palmengruppe auf.